U0006773

古今四季都有喵

孫燕子——繪

趙牧野——文

秋
睡起秋聲
無處喵

冬
冬雪雪冬
小大喵

蹴 鞠 喵

還是貓好

暖風裡，
皇上的臉色有點冷了，

他喊了聲：
「高俅──」
沒想到臣子給他傳了
這麼高的一個球，

當皇上有什麼好？
玩個球還得靠別人。

從前的生活

　　圖中那隻胸前有「宋」字的喵，代表的是宋徽宗，他是宋朝第八位皇帝。
蹴鞠是世界上最早的足球運動，他腳上踢的那只鞠，很可能是用豬膀胱充氣做

成的。高俅正因蹴鞠的技術非凡，才得到宋徽宗賞識，從此官運亨通。

蹴鞠在漢代就有很多講究，據〈鞠城銘〉記載，場地為方形，鞠為圓形，剛直與圓融並存，如同一個事物的陰陽兩面。球場內按一年十二個月設置十二個「球門」（還有一種說法是十二名球員），每邊六個，兩兩相對；並且有一套固定的裁判制度，不可隨意變更。球員比賽時各憑本事，不論親疏遠近，大家公平競爭，對比賽結果都要心服口服。漢代文學家李尤感慨「鞠政猶然，況乎執機」，踢個球都能做到這個地步，何況是執政治國呢？

鞠的製作方法在唐代仲無頗的〈氣球賦〉描述，鞠不再是實心，而是改用多片皮革縫製而成的空心充氣球。這種靠吹氣膨脹起來的「氣球」，更加需要精工細作。具體來說，每片皮革都嚴格按照尺寸裁剪，這樣才能拼合成正球形。縫合時一定要認真，保證球面規整嚴密，不易漏氣，這樣的「氣球」更適合球員發揮球技。

蹴鞠這項運動大約開始於唐朝，那時會在球場中立起兩根高達數丈的竹竿，用竹竿拉起一個網當球門，蹴鞠時，球要從網上通過才行。球賽開始後，球員分成左右兩隊，在網的兩側一決勝負。

說到古代最有名的「球員」，《水滸傳》的高俅絕對算是一號人物，書中這樣描寫：京師人口順，不叫高二，卻都叫他做高毬。後來發跡，便將氣球那字去了毛傍，添作立人，便改作姓高名俅……那個氣球騰地起來，端王接個不著……高俅見氣球來，也是一時的膽量，使個鴛鴦拐，踢還端王……高俅只得

把平生本事都使出來，奉承端王。那身分模樣，這氣球一似鰾膠黏在身上的。

到了元代，蹴鞠運動出現女球員。關漢卿在越調〈鬥鵪鶉·蹴鞠〉將女球員在賽場上颯爽英姿的模樣，具體地描繪出來：女校尉是蹴鞠場上的名手，聽說她要來踢球，大家都跑去看，場邊一時熙熙攘攘、人頭攢動。只見女校尉出場了，一身行頭收拾得緊襯整齊；踢起球來，挪步側身之間，裙袖飄蕩飄飛，煞是好看。

典籍韞櫝

〔漢〕李尤〈鞠城銘〉
圓鞠方牆，仿象陰陽。法月衡對，二六相當。建長立平，其例有常。不以親疏，不有阿私。端心平意，莫怨其非。鞠政猶然，況乎執機！

〔唐〕仲無頗〈氣球賦〉
氣之為球，合而成質。俾騰躍而攸利，在吹噓而取實。盡心規矩，初因方以致圓；假手彌縫，終使滿而不溢。苟投足之有便，知入門而無必。時也廣場春霽，寒食景妍。交爭競逐，馳突喧闐。或略地以丸走，乍凌空以月圓。

〔宋〕馬端臨《文獻通考·樂考二十》
蹴球蓋始於唐，植兩修竹，高數丈，絡網於上為門，以度球。球工分左右朋，以角勝負。

〔元〕關漢卿〈越調·鬥鵪鶉·蹴鞠〉
蹴鞠場中，鳴珂巷里，南北馳名，寰中可意。夾縫堪誇，拋聲盡喜。那換活，煞整齊。款側金蓮，微那玉體。唐裙輕蕩，繡帶斜飄，舞袖低垂……
〔尾〕不離了花前柳影閑田地，鬥白打官場小踢。竿網下世無雙，全場兒占了第一。

春宴喵

大詩人

春風浩蕩，
天地廣大，
鋪展素箋，
卻
不如你啊——

不如你
一腳踩下，
掌中肉墊，
朵朵桃花。

 古今四季都有喵

從前的生活

古人用「春宴」做為享受春天美好的儀式，五代文學家王仁裕在《開元天寶遺事》記載，唐朝的長安富貴人家，每年到了正月十五後，會各自乘上華貴的車，騎上高頭大馬，在花繁景盛的園圃，拉起郊遊宴飲的帷帳，或者到郊野春機盎然之處進行野餐。這種宴會就是所謂的「探春宴」，既能踏春遊玩，又可品嘗到美味佳餚，十分享受。

詩人李白和元好問都曾以此做為創作源泉，雖說李白以詩仙聞名，但他可不是只會寫詩。〈春夜宴桃李園序〉便是李白與堂弟們春夜宴飲時，為當夜所賦詩文寫的序言。「夫天地者，萬物之逆旅也；光陰者，百代之過客也。而浮生若夢，為歡幾何？」這一名句便出自此處，抒發了作者俯仰古今的廣闊胸懷。

而宋、金時期北方文學代表元好問，同樣以春宴為題材創作的〈喜春來·春宴〉，卻充滿清新溫婉的別樣韻味。這是一篇組曲，共四首小令，將人們在春天相聚開宴、賞花折枝、歌舞歡慶、賞春遊玩的情形，描寫得生動、具體，令人頗有身臨其境之感。

典籍韞櫝 ————————————————————————————

〔唐〕李白〈春夜宴桃李園序〉

夫天地者，萬物之逆旅也；光陰者，百代之過客也。而浮生若夢，為歡幾何？古人秉燭夜遊，良有以也。況陽春召我以煙景，大塊假我以文章。會桃花之芳園，序天倫之樂事。群季俊秀，皆為惠連；吾人詠歌，獨慚康樂。幽賞未已，高談轉清。開瓊筵以坐花，飛羽觴而醉月。不有佳詠，何伸雅懷？如詩不成，罰依金谷酒數。

〔金〕元好問〈喜春來·春宴〉

春盤宜剪三生菜，春燕斜簪七寶釵，春風春醞透人懷。春宴排，齊唱喜春來；
梅殘玉靨香猶在，柳破金梢眼未開，東風和氣滿樓臺。桃杏拆，宜唱喜春來；
梅擎殘雪芳心奈，柳倚東風望眼開，溫柔樽俎小樓臺。紅袖繞，低唱喜春來；
攜將玉友尋花寨，看褪梅妝等杏腮，休隨劉阮到天臺。仙洞窄，且唱喜春來。

〔五代〕王仁裕《開元天寶遺事》

探春

都人士女，每至正月半後，各乘車跨馬，供帳於園圃，或郊野中，為探春之宴。

 古今四季都有喵

貴妃喵

羨慕

唐代真好啊，
也想像你一樣，
可以喜歡上，
胖嘟嘟的自己。

如果不能像你，
起碼也能像貓。
認真吃飯，
安心發胖。

從前的生活

　　眾人皆知，唐代以胖為美，但這種美是
「健美」，不是單純的「肥胖」。與其他朝
代明顯不同的是，唐代官員上朝時無論文

武，全要騎馬，非特殊情況不會坐轎。女子騎馬也十分常見，馬球甚至在唐代成為一項風靡全國的運動。

孟郊在〈登科後〉描述馬是得意的暢快：他在金榜題名後心懷暢意，思緒翻湧，春風中得意地縱馬飛馳，過去沒有登科時，各種落魄潦倒的事情全被拋在腦後，飛馳間好像要在這一日內看遍長安的所有春花。

王仁裕的《開元天寶遺事》形容馬是恣意的豪奢：長安城中的浪蕩子弟，每到春天時就呼朋引伴、一起出遊。每個人都會騎著溫順矮馬，並用錦緞做轎，以金銀裝飾鞍具，極盡奢華誇耀之能事。這些少年讓僕從帶著酒具，背著好酒跟在馬身後，自己與同伴並肩騎馬，遊覽開滿燦然春花的高樹。遇到美麗的花園就停下馬來，席地暢飲美酒。

許月卿〈題明皇貴妃上馬圖〉描述馬是載不動的多情：開元天寶年間，唐玄宗李三郎是個多情種，寵幸楊貴妃，自己騎馬出遊時也要帶著她。可誰知貴妃醉酒未醒，剛剛還在海棠花下酣睡，突然被人叫起來，扶上馬時身子仍酥軟，儘管宮女一時間都來幫忙攙扶，她仍使不上力，嬌弱到上不去。在眾人的環繞下，此時的楊貴妃顯得格外出眾，正如萬花叢中嬌豔明媚的牡丹花一樣，令人一眼望去便能認出那才是群芳之首。這樣酣然的醉顏和身姿，偏偏美得恣肆大氣。

當眾女子嬉笑著陪伴貴妃登馬時，等候的李隆基卻有些心焦，雙手按膝，頻頻回首看自己的貴妃為何還沒跟上來。皇帝身邊的侍衛全副武裝地侍立在道路兩旁，出行的儀仗排場儼然和在皇宮並無二致。周遭侍衛看出皇帝心緒

不佳，都不敢大聲說話。〈題明皇貴妃上馬圖〉描繪了幾十個人物，然而所有人目光和心緒的焦點，都在獨占皇帝寵愛的楊貴妃身上。李隆基寵愛楊玉環到甘願替她受傷、墜馬的程度，還擔心飄落的花瓣嚇到心上人。皇帝只關心貴妃醉酒，卻忘了當權者沉迷酒色會耽誤大事。古人說紅顏禍國、醜妻添壽也是有幾分道理。就好像當年被稱為「無鹽女」的齊國王后鍾離春，雖然長得醜，但極為賢德，促使齊宣王勵精圖治，令齊國強盛。當年齊哀公沉迷女色、不思朝政，就有陳賢妃晝夜警戒，勸丈夫用心國事。如果不是李隆基當時貪圖美色誤國，哪會有馬嵬坡前貴妃被逼自盡的事情發生呢？

典籍輯檔

〔唐〕孟郊〈登科後〉
昔日齷齪不足誇，今朝放蕩思無涯。
春風得意馬蹄疾，一日看盡長安花。

〔五代〕王仁裕《開元天寶遺事》
看花馬
長安俠少，每至春時，結朋聯黨，各置矮馬，飾以錦韉金絡，並轡於花樹下往來，使僕從執酒皿而隨之，遇好圃時駐馬而飲。

〔宋〕許月卿〈題明皇貴妃上馬圖〉
開元天寶號太平，快活三郎偏縱情。帝開天驥雲雷缺，回首絕憐妃子醉。
海棠酣春睡未足，扶上馬時頹山玉。二璫兩邊扶蹴鞠，群姬爭扶不用命。
萬花叢，玉山花，花朝主，醉牡丹。共立馬前黃幡綽，獻笑顏容似嘲謔。
三郎勒馬頻回頭，兩手按膝雙凝眸。夾立兩旁御弓箭，帶御器械如行殿。
二璫相語儼相向，貴妃未至龍顏望。龍顏不怡吾曹憂，昵昵私語雙燕秋。
御前兩驥立伏俟，御龍整暇聊緩轡。卷中何止數十人，十人眼只在一身。
朕能墜馬替妃子，不忍花飛驚玉體。三郎但念妃子醉，豈知身醉誤國事。
儻知敬是常惕惕，提主人翁教醉醒。醜醜婦斠薄薄酒，醜婦添翁多少壽。
無鹽為后能強齊，夙夜警戒雞鳴詩。花鈿安得紛委地，馬嵬安得有墜詩。

 古今四季都有喵

半仙喵

絕妙好詞

牆裡鞦韆牆外道，
我在隔牆聽她笑。

我偷偷問你——
這詞寫得好不好？

你
——喵！

從前的生活

　　鞦韆這種盪來盪去的遊戲，最遲出現在漢代，後來逐漸成為陽春節日中深受人們喜愛的娛樂活動。

「半仙之戲」的說法出自《開元天寶遺事》：「天寶宮中至寒食節，竟豎鞦韆，令宮嬪輩戲笑以為宴樂。帝呼為『半仙之戲』。都中士民，因而呼之。」

民間對鞦韆的喜愛程度不輸宮廷，大文豪蘇軾的〈蝶戀花‧春景〉讓鞦韆蕩漾著少女的笑聲：春天將盡，百花凋零，杏樹已經長出青澀的果實。燕子飛過天空，清澈的河流圍著村落人家緩緩流過。柳枝上的柳絮被春風吹得愈來愈少，而茂盛的芳草卻已鋪滿天涯海角。高高的院牆裡豎著一架鞦韆，圍牆外的行人能看到鞦韆在盪，還能聽到少女盪鞦韆時發出動聽的笑聲。慢慢地，笑聲遠去，聽不清楚了。為笑聲而心神蕩漾的多情行人，在不經意間，卻被無知無覺的少女「無情」地傷害了。

鞦韆在古代還是雜技表演的重要道具，記述北宋都城東京開封府城市風俗民情的著作《東京夢華錄》，對此有詳細描述：臨水的宮殿前搭著一個涼棚，四周侍衛和儀仗排列整齊。在水池中靠近宮殿的地方，排列四條結彩的小船，上面表演各種雜技。比如舞大旗、舞獅豹、舞棹刀、蠻牌、鬼神之類的歌舞，還有唱作雜劇等。此外還有兩艘船，上面都是奏樂的樂工。另外一艘小船比較特殊，船上搭著一個小彩樓，彩樓有三個小門，樣式像是做傀儡戲的戲棚子。小船來到水池正中央，船上負責表演參軍角色的雜劇演員上前致辭，和樂唱作。之後彩棚中間的那個小門打開了，走出兩個小木偶。小木偶坐在一艘假的小船上，小船前面的木偶穿著白衣，模仿正在垂釣的樣子；小船後面的木偶是一個小孩子的模樣，正拿著船槳裝模作樣地划船。木偶小船在舞臺上繞了幾周，其間不停地說些俏皮話或唱些小曲。這時高潮來了，船頭坐著的

白衣木偶魚竿一沉，竟然真的釣上來一條活蹦亂跳的魚兒！緊接著歌舞聲響了起來，木偶小船回到彩樓中。後面還有木偶頂球跳舞等表演，都各有說辭和唱段，人們稱這種船上的傀儡戲表演為「水傀儡」。另外兩艘船上立著鞦韆，船尾有雜技演員表演爬竿，左右的樂師敲鼓吹笛來烘托緊張驚險的氣氛。在樂聲的伴奏下，只見一人爬上鞦韆，奮力盪起，一直盪到與鞦韆架的高度齊平；這時猛然鬆開雙手，縱身飛躍，凌空翻幾個筋斗，鑽入水中，這種表演稱為「水鞦韆」。水中表演完畢後，樂聲響起，鳴鑼敲鼓，船上的人們一齊歡騰地揮彩旗、跳著舞。

典籍蘊積 —————————————————————————————————————

〔宋〕蘇軾〈蝶戀花·春景〉
花褪殘紅青杏小。燕子飛時，綠水人家繞。枝上柳綿吹又少。天涯何處無芳草。
牆裡鞦韆牆外道。牆外行人，牆裡佳人笑。笑漸不聞聲漸悄。多情卻被無情惱。

〔宋〕孟元老《東京夢華錄·卷七·駕幸臨水殿觀爭標錫宴》
殿前出水棚，排立儀衛。近殿水中，橫列四彩舟，上有諸軍百戲，如大旗、獅豹、棹刀、蠻牌、神鬼、雜劇之類。又列兩船，皆樂部。又有一小船，上結小彩樓，下有三小門，如傀儡棚。正對水中，樂船上參軍色進致語、樂作，彩棚中門開，出小木偶人。小船子上有一白衣人垂釣，後有小童舉棹划船，繚繞數回，作語、樂作。釣出活小魚一枚，又作樂。小船入棚，繼有木偶築球舞旋之類，亦各念致語、唱和、樂作而已。謂之「水傀儡」。又有兩畫船，上立鞦韆。船尾百戲人上竿，左右軍院虞候監教鼓笛相和。又一人上蹴鞦韆，將平架，筋斗擲身入水，謂之「水鞦韆」。水戲呈畢，百戲樂船，並各鳴鑼鼓，動樂舞旗，與水傀儡船分兩壁退去。

嬰戲喵

大英雄

絕招，好武功，
打翻花瓶後就無影蹤。
大顯，威風，
只要關燈就踩著你衝鋒，
喵喵掌，快過風，
偷襲拖鞋近身從無響動。
出利刃，超級凶，
奪命腿抱懷踢是招招見紅。
誰是——
大英雄?!

從前的生活

　　嬰戲圖，又稱戲嬰圖，顧名思義，是指描繪幼兒在遊戲時活潑、稚拙等模樣的畫作。晉代就已出現嬰戲圖，到了唐、宋時期技法日趨成熟，宋代更是黃金時期；明代宣德以前多為「庭院嬰戲」，宣德以後多為「郊外嬰戲」。

　　嬰戲圖有美滿幸福、子孫滿堂等美好寓意，描繪的內容讓現在的我們了解到當時的風俗樣貌。明代詩人高啟為嬰戲圖賦詩，將畫中景象描繪得淋漓盡致：在栽滿芍藥、梧桐的庭院，暮春的夕陽下，孩子們還在玩耍。一旁看護的少婦姿色動人，昔日少女如今成了母親，懷裡抱的嬰孩如粉雕玉琢般可愛……孩子們捋草拈花，追蝴蝶、捉迷藏，圍著大人打鬧、嬉戲……母親在準備洗澡水，幫玩得一身髒的孩子洗得香噴噴，再撲上雲母粉。孩子們看起來一個比一個有出息，將來肯定都是人中龍鳳、出將入相的人物。

　　另一位明代詩人程敏政描繪的嬰戲圖唯妙唯肖，彷彿近在眼前：在海棠花和石榴花爭相鬥豔的春日下午，在繡工精巧的屏風後面，幾位美貌的婦人臉上神情懨懨，簪子插得鬆鬆垮垮。第一個婦人面朝南，穿著金絲編織的衣服；第二個婦人面朝北，與第一位對面而坐。兩個人圍坐在一起，看著床上的嬰孩擺弄各種金貴的玩具。第三個婦人在畫面上方，戴著耳環站在漢白玉的臺階上，親著懷裡的嬰兒，笑聲好似和暖的春日，簡直要把這份母愛滲透到骨子裡去。此外，畫中下首的角落處還坐著一位婦人，旁邊放著收疊好的孩子衣物。她在替嬰兒洗澡，把溫水輕柔地澆在孩子身上，氤氳的水氣在銀盆裡蒸騰，散發著

淡淡的花香。有位婦人在一旁幫忙，她一隻手上搭著浴巾，浴巾在手中比霜雪、白鹽還要潤潔剔透；另一隻手持著絲絹扇子，回首看向畫面中部的位置，一副閒適的姿態。

典籍韞櫝

〔明〕高啟〈戲嬰圖〉

芍藥風欄側，梧桐露井傍。嬌嬰爭晚戲，少婦鬥春妝。
共詫珠生蚌，還憐玉產岡。半披文錦褓，斜佩紫羅囊。
額髮葳蕤短，胸胞細膩光。庭前王氏子，陌上衛家郎。
弱草身眠軟，芳英手弄香。隨人貪作劇，避伴學迷藏。
莫撲花蝴蝶，宜為蠟鳳凰。塗添雲母粉，浴試水沉湯。
麟送徐卿宅，蘭生謝傅堂。愛均看總好，年並比誰長。
驥種雖難匹，鵷雛已作行。欣君得此畫，真是夢熊祥。

〔明〕程敏政〈錢舜舉清暉堂所寫戲嬰圖為臨淮顧謙賦〉

海榴花開白日長，繡屏十二雲錦張。沉沉午漏下初刻，搔頭不整慵來妝。
一姬南面金縷裳，兩姬夾侍相頡頏。欣然圍坐看兒戲，斑管雕弧堆象床。
三姬鼎足如雁行，玉階隨步鳴雙璫。以口撫嬰愛入骨，笑語彷彿聞昭陽。
一姬下坐收錦襁，洗兒自與澆蘭湯。娟娟秀若化生子，銀盆水滿芙蓉香。
一姬轉盼殊未央，拭巾在手明吳霜。小鬟兩兩意閒適，執扇不動薰風涼。
苕溪畫史推錢郎，柔思獨步丹青場。摩挲舊本豈易得，流傳遠自清暉堂。
才人不說顧長康，鑑賞欲博千金強。《螽斯》、《麟趾》尚可作，為君擊節歌周王。

粉 黛 喵

愛的動作

春風像貓，
它讓蝴蝶輕輕咬我的耳朵，
我就知道，
它是愛我的了。

我們互相咬著耳朵，
就是互相愛著的了。

不像你們，
咬耳朵是為了說話，
人類真麻煩。

從前的生活

「當窗理雲鬢，對鏡貼花黃。」中國四千多年前就已經出現銅鏡。和現在常見的方形鏡子不同，很長一段時間，中國人用得最多的是圓形銅鏡。直到明、清時期，玻璃鏡子興起，銅鏡才逐漸淡出人們的生活。

宮中女子的妝容在《清異錄》清晰可見：五代時宮中女子喜歡畫「開元御愛眉」，相傳是開元年間皇上最愛的眉型。除了開元御愛眉外，宮中的眉毛樣式還有五嶽眉、垂珠眉、月稜眉、分梢眉、涵煙眉。宋初，小山眉依然流行，當時將小山眉畫得最好、最有名氣的是寶季明。

唐僖宗、唐昭宗時期，首都周邊的樂坊女子，有比畫脣妝的風氣。姑娘們甚至以脣妝畫得是否好看、新奇來判斷一個人的美醜。畫脣妝講究、繁複，名稱非常多。其中比較有名的包含胭脂暈品、石榴嬌、大紅春、小紅春、嫩吳香、半邊嬌、萬金紅、聖檀心、露珠兒、內家圓、天宮巧、洛兒殷、淡紅心、腥腥暈、小朱龍、格雙（又叫「暈雙」）、唐媚花、奴樣子等花樣。

古代香粉的製作工藝精細、講究，《天工開物》描述：但凡要做擦臉用的胡粉，每次用鉛一百斤，熔化後削成薄片，捲成鉛筒，放在木盆裡。木盆裡面和下面各放一瓶醋，用鹽泥將木盆封口，再用紙把木盆的縫隙糊住。下面用四兩炭火加熱，之後放置七天。時間到了就把木盒打開，裡面的鉛片在醋的作用下，變成如霜雪一樣白的醋酸鉛粉末。把粉末掃到水缸裡，剩下還沒有完全反應的鉛片會留在木盆，按照之前的方法再封口靜置七天。然後再將白色粉末掃

進水缸，鉛片大多都化作粉末就可以了，剩下一點點沒反應完的可以留著做黃丹料。

　　每收集一斤醋酸鉛粉末，就加入豆子粉二兩、蚌殼粉四兩，在水缸裡仔細攪拌均勻，然後加水放置。等水基本澄清後，將上面的清水倒掉，留下澄清後非常細膩的粉末。接著在平坦的地方鋪幾張紙，把溼潤的粉泥放在上面，平鋪晾乾。等到快乾時，用尺刀截成瓦片或銀錠的形狀。等到完全晾乾便可以收取，胡粉就做好了。這種東西在過去是辰州、韶州一帶的特產，所以過往叫做「韶粉」（還被不明就裡的人訛傳為「朝粉」）。這種粉如果用來繪畫，畫到紙上是一片雪白的顏色，但是用來做婦女的化妝粉則不是死白一片，反而可以調整膚色。

典籍輯槽 ━━━━━━━━━━━━━━━━━━━━━━━━━━━━━━━━

〔宋〕陶穀《清異錄》
開元御愛眉
五代宮中畫開元御愛眉、小山眉、五嶽眉、垂珠眉、月稜眉、分梢眉、涵煙眉。國初，小山尚行，得之宦者竇季明。

〔明〕宋應星《天工開物》
凡造胡粉，每鉛百斤，熔化，削成薄片，捲作筒，安木甑內。甑下、甑中各安醋一瓶，外以鹽泥固濟，紙糊甑縫。安火四兩，養之七日。期足啟開，鉛片皆生霜粉，掃入水缸內。未生霜者，入甑依舊再養七日，再掃，以質盡為度，其不盡者留作黃丹料。
每掃下霜一斤，入豆粉二兩、蛤粉四兩，缸內攪勻，澄去清水，用細灰按成溝，紙隔數層，置粉於上。將乾，截成瓦定形，或如磊鬼，待乾收貨。此物古因辰、韶諸郡專造，故曰韶粉（俗誤朝粉）。今則各省直饒為之矣。其質入丹青，則白不減。擔婦人頰，能使本色轉青。

投壺喵

神獵手

貓是天生的獵手,
攻擊百發百中。
如果沒中,
你就當沒看見。

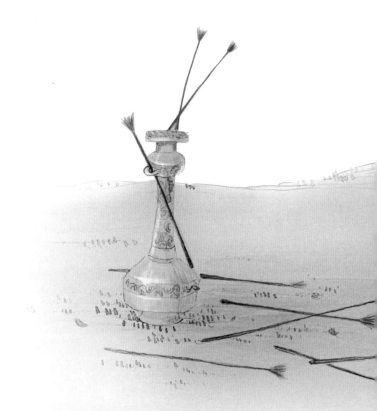

從前的生活

投壺是古代宴會上的一種遊戲，壺本來是用來喝酒的器具，所以這種玩法很可能是從酒桌上開始的，用來活躍氣氛、娛樂賓客，類似現在的套圈。參與遊戲的人依序往遠處的壺嘴裡投擲弓箭，投中的數量多、投擲的姿勢漂亮或花樣多的人就贏得勝利，輸的人要罰酒。這種遊戲在戰國已經出現，最初是一種宴會禮儀，隨後演變為娛樂活動。

投壺其實是射箭的弱化版，過去，射箭是身為貴族男子必備的技藝，舉行射禮時，一定要伴隨相應的禮制和奏樂。而且根據參加者身分高低的不同，禮儀流程步驟也有不同。古代宴飲時常透過表演射箭暖場，同時彰顯德行的講究。但到了後來，出現各種不方便進行射禮的情況，所以就保留這種禮儀所體現的寓意，不一定非要原樣施行。比如宴飲的地方比較小，不足以設置標準的射箭場；或者來的賓客比較少，沒有辦法分成兩隊進行比試等，這個時候就用投壺取代射箭。

漢代禮學家戴聖在《禮記·投壺》記錄遊戲全程：掌管投壺進程和禮儀的司儀來到賓主席前，丈量放壺的位置。壺放好後，退回西階的位置，再把預備投擲的點設置好，壺與點之間大約相距兩支半弓箭的長度。然後面朝東，手裡拿起八根算籌，向賓客說明投壺的規則：箭頭投入壺中才算投進一次。賓客與主人輪流投擲，其中一方如果連續投擲，即使投進也不算。勝者要為輸的一方斟一杯罰酒，讓輸的一方來喝。每一輪喝完酒後，根據輸贏，這一輪贏的

一方就獲得一個標識，率先獲得三個標識就算勝出，這時大家要一起飲酒做為對勝方的慶祝；向賓客講完規則後，再向主人一方原樣講解一遍。接著司儀對彈琴的樂工說：「請彈奏〈狸首〉這支曲子做伴奏，演奏的速度要始終保持一致。」樂工回答：「是。」

左右的下人準備好投壺用的箭，邀請賓主前來投。如果有投進的，司儀就替那一隊增加一根算籌。賓客的積分在右側，主人的積分在左側。等大家投完一輪，司儀會拿著算籌說：「左右兩隊都投完了，現在開始計分。」計算分數的方法是兩根算籌為一純，一純算一分，一根算籌算半分。計算完後，司儀會說：「某隊比某隊多幾純。」如果有多半分的情況，也要把半分說出來；如果算籌數目相等，就說左右分數相等。

司儀接著對負責斟酒的人說：「麻煩把酒帶上來。」負責酒水的人說：「是。」輸了應該被罰酒的一隊都要跪下捧著酒杯，等勝利的一隊替自己倒酒，說：「承蒙賜飲。」勝利的一隊也要跪下回覆說：「請以此酒養身。」

投壺從漢代一直流傳下來，唐代史學家李延壽在《南史·柳惲傳》記錄一段與投壺有關的逸事：南齊竟陵王蕭子良是投壺好手，經常半夜宴飲。這次又是晚上喝得醉醺醺，早晨帶著宿醉上朝。路上看到柳惲在玩投壺，箭被投進壺中，又因為反彈的力量從壺中跳起，原路徑回到柳惲手裡。蕭子良一見就知此人投壺技藝高超，不由得見獵心喜，忍不住停下車馬仔細觀瞧，完全忘記自己要上朝面聖的事情。等想起來時，早就誤了時辰。齊武帝等了半天自然很生

氣，問蕭子良為什麼遲到。蕭子良不敢隱瞞，只好據實回答。沒想到齊武帝也很喜歡投壺，聽說他是因為看投壺遲到，非但沒有責罰他，還讓他當場表演投壺。蕭子良不愧是投壺好手，讓皇帝看得非常盡興，最後皇帝還賞賜他二十匹絹。

〔漢〕戴聖《禮記‧投壺》

司射進度壺，間以二矢半，反位，設中，東面，執八筭（算）興。請賓曰：「順投為入，比投不釋，勝飲不勝者，正爵既行，請為勝者立馬，一馬從二馬，三馬既立，請慶多馬。」請主人亦如之。命弦者曰：「請奏〈狸首〉，間若一。」大師曰：「諾。」左右告矢具，請拾投。有入者，則司射坐而釋一筭焉。賓黨於右，主黨於左。卒投，司射執算曰：「左右卒投，請數。二筭為純，一純以取，一筭為奇。」遂以奇筭告曰：「某賢於某若干純。奇則曰奇。鈞則曰左右鈞。」命酌曰：「請行觴。」酌曰：「諾。」當飲者皆跪奉觴，曰：「賜灌。」勝者跪曰：「敬養。」

〔唐〕李延壽《南史‧柳惲傳》

齊竟陵王常宿晏，明旦將朝，見惲投壺梟（驍）不絕，停輿久之，進見遂晚。齊武帝遲之，王以實對。武帝復使為之，賜絹二十匹。

〔明〕陳夢雷《欽定古今圖書集成》

投壺，射禮之細也。射者，男子之所有事，因而飾之以禮、樂也。古者諸侯之射也，必先行燕禮；卿大夫之射也，必先行鄉飲酒之禮。因燕禮之間，且以樂賓，且以習容，且以講藝也。投壺者，不能盡於射禮而行其節也，庭之修廣，或不足以致侯置鵠；賓客之眾，或不足以備官比耦。則是禮也……壺之為器，所以實酒而置之席間者也。原其始也，必以燕飲之間謀以樂賓。或病於不能為射也，舉席間之器以寄射節焉。此投壺所由興也。

古今四季都有喵

煮茶喵

是茶壺先動的手

是茶壺先動的手，
它從嘴裡吐出巨大的白色利爪，
拍向你，
拍向你，
拍向你，
不斷地……
所以，
你只打翻了茶杯小弟，
已經對它們很客氣了。

從前的生活

　　草廬中端坐的喵源自茶聖陸羽，他寫下中國第一本茶類專著《茶經》。我們現在沖泡茶的方式，是到明朝才成為主流。最早的時候，人們把茶葉當作藥材食用，之後人們會放入蔥、薑、鹽與各種藥草，和磨碎的茶葉一起煮。

　　透過陸羽的《茶經》，我們知道唐代的人怎樣製茶、喝茶：茶葉製備時需要火烤。烤茶餅時，切記不要選擇在有過堂風的地方，因為風會吹動火苗、到處飄飛，讓茶餅受熱不均。要先將茶餅靠近火焰，然後不停翻動，等看到茶餅表面烤出好像蛤蟆背上小疙瘩的小泡時，再將茶餅離遠一點熏著，茶餅離火五寸即可。等茶餅恢復到之前舒展的狀態，重新將茶餅貼近火焰，按照之前的方法再炙烤一遍。烤到什麼程度算完成呢？要看茶青乾燥的方式。如果茶青是用火烤乾的，烤到冒熱氣就可以；如果是用太陽晒乾的，則烤到茶葉尚有些柔軟時就好了。

　　茶餅烤好後，就可以開始喝茶的第一步 —— 搗茶。要是非常鮮嫩的茶葉，在火烤後趁熱開始搗茶，搗到茶葉的大葉片都碎爛，但茶芽尖還保留著的程度就可以了。搗茶時要用巧勁，不能一味使用蠻力；茶葉很特殊，如果一味使用蠻力，就算是用千鈞重的鐵杵，也無法將茶葉搗爛。搗茶講究用巧不用力，就和漆樹的種子又輕又小，但五大三粗的人卻捏不住它是同個道理。等茶葉搗好，看起來軟軟爛爛、沒有硬條在其中，這時用火烤一下，其中芽尖柔韌綿軟好似嬰兒的手臂一般。烤好後，趁熱用紙袋把這些搗好的茶裝起來，別讓茶的

香氣散掉。等涼了之後，再倒出來仔細研磨成粉末。研磨好的茶粉形狀應當像極為細小的米粒，是圓潤的小顆粒。如果研磨出來的粉末有稜杈，好像菱角一樣支楞著，就是不好的。

烤茶煮水最好用炭火，如果沒有精製木炭則退而求其次，用火力強盛的木柴，比如桑木、槐木、桐木、櫪木等。雖說用炭火最好，但如果這些炭曾烤過肉，上面沾染了腥膻油膩的味道，就不要用來烤茶、煮水了。又或者是那種本身會分泌樹脂、氣味濃烈的木材，比如柏木、松木、檜木等，以及朽壞的木製家具材料，也都不能用。古人說：「烤煮的食物會沾染上木材的味道。」這話是真的。

煮茶的水最上等的是山泉，次等的是江河水，井水是最差的選擇。山泉水不是全都可以用，要選擇地表湧泉，或者從石頭中漫溢、緩流出的清澈泉水。那種奔湧湍急、飛濺成瀑的水不要喝，常喝湍急的水，會讓人頸部生病。有些泉水雖然沒有奔湧湍急，但聚集在低窪之處，如死水般不流動，時間久了可能會有毒性。如果要喝這種水，必須先在儲水處挖開一個缺口，讓不動的死水流走，等新的泉水涓涓流進來後再打水。如果要用江河水，要去離城鎮遠的地方打水，避免生活汙物的汙染。取井水的話，必須選擇出水量大、打水人多的井。

飲茶的風氣從唐代開始流行，宋代的愛茶之人把茶的作用發揮到了新境界：用茶作畫。《荈茗錄》記載：用茶筅、茶匙攪拌茶湯，產生更精巧的技

法。講究用各種手法打出茶沫，讓茶湯和茶沫的紋路形成像禽獸、花鳥之類的各種花樣，巧妙得好比一幅工筆畫。只可惜茶湯、茶沫在杯中作的這幅畫，堅持不了多久，泡沫消散後就消失了。這種點茶作畫的玩法，被當時的人們稱為「茶百戲」。

〔唐〕陸羽《茶經》

凡炙茶，慎勿於風燼間炙，熛焰如鑽，使炎涼不均。持以逼火，屢其翻正，候炮出培狀蝦蟆背，然後去火五寸。卷而舒，則本其始，又炙之。若火乾者，以氣熟止；日乾者，以柔止。

其始，若茶之至嫩者，蒸罷熱搗，葉爛而牙筍存焉。假以力者，持千鈞杵亦不之爛，如漆科珠，壯士接之，不能駐其指。及就，則似無穰骨也。炙之，則其節若倪倪如嬰兒之臂耳。既而，承熱用紙囊貯之，精華之氣無所散越，候寒，末之。（原注：末之上者，其屑如細米；末之下者，其屑如菱角。）

其火，用炭，次用勁薪。（原注：謂桑、槐、桐、櫪之類也。）其炭曾經燔炙為膻膩所及，及膏木、敗器，不用之。（原注：膏木，為柏、桂、檜也。敗器，謂朽廢等也。）古人有勞薪之味，信哉！

其水，用山水上，江水中，井水下。（原注：〈荈賦〉所謂「水則岷方之注，揖彼清流」。）其山水揀乳泉、石池漫流者上；其瀑湧湍漱，勿食之。久食，令人有頸疾。又多別流於山谷者，澄浸不泄，自火天至霜郊以前，或潛龍蓄毒於其間，飲者可決之，以流其惡，使新泉涓涓然，酌之。其江水，取去人遠者。井水，取汲多者。

〔宋〕陶穀《荈茗錄》

茶至唐始盛。近世有下湯運匕，別施妙訣，使湯紋水脈成物象者，禽獸蟲魚花草之屬，纖巧如畫，但須臾即就散滅，此茶之變也，時人謂之「茶百戲」。

清　潔　喵

當然是原諒它了

細毛飄飛，
已經脫力，
香波躺倒盆扣地。
衣服溼透，
手上血跡，
半空懸著吹風機……

當然只能原諒你。

從前的生活

　　古代人其實不如現代人以為的那樣不注重個人衛生，從很早以前，官府每隔幾天會讓官員放一天假，目的就是要讓這些人回去洗澡、洗頭，把自己打理乾淨。漢代時每五天休息一次，這種做法被稱為「休沐」，是一種例行的休假制度。

　　到了三國時期，據墓葬出土文物發現，古人當時便發明了金製小牙籤，用來保持口腔清潔。到了隋朝時，古人開始用鹽水漱口。唐、宋時期，刷牙粉、面膜等物在富貴人家中早已成為常見物品，市面上甚至還推出叫「香口丸」的

口香糖，用來清新口氣。而且古人這種保持衛生的做法，不僅是為了從表面去除身體上的汙垢，更被賦予淨化心靈的意義。

唐代藥王孫思邈開出過潔面和面霜的配方，這兩種配方不管是在當時還是現在都很受歡迎。

孫思邈《千金翼方・卷第五婦人一・婦人面藥第五》：「令人面手白淨澡豆方：白蘚皮、白僵蠶、白附子、鷹矢白、白芷、芎藭、白朮、青木香（一方用藁本）、甘松香、白檀香、麝香、丁香（各三兩）、桂心（六兩）、瓜子（一兩，一方用土瓜根）、杏仁（三十枚，去皮尖）、豬胰（三具）、白梅（三十七枚）、冬瓜仁（五合）、雞子白（七枚）、麵（三升）。上二十味，先以豬胰和麵暴令乾，然後合諸藥搗篩為散，又和白豆屑二升，用洗手面，十日內色白如雪，二十日如凝脂。」

還有一味，孫思邈《千金要方・卷六》：「治面，令悅澤光白潤好，及手皴方。」將「豬蹄（兩具，治如食法），白粱米（一斗，洗令淨）。」放在一起，加上五斗水煮爛。然後取它的清湯汁三斗，將湯汁入藥。再用「白茯苓、商陸（各五兩）、葳蕤（一兩）、白芷、藁本（各二兩）」，將以上五種藥材搗碎，用之前得到的三斗清湯汁，再加上碾碎的桃仁一升，放在一起繼續煮，煮到湯汁只剩一半時，取出湯汁，濾掉渣滓，用瓷瓶盛裝。接著在瓶子加入納甘松、零陵香的粉末各一兩，攪拌均勻。用棉布覆蓋瓶口，每天夜裡塗在臉上、手上即可。

唐代詩人段成式的筆記小說集《酉陽雜俎》有個橋段，戲謔古人的清潔之道：有個叫陸暢的窮小子剛娶了童溪女，岳父家有權勢，生活奢華，很多事物是他沒見過的。每天早晨，傭人們捧著洗臉水，銀盒裡放著洗臉、洗手用的澡豆。但陸暢不認識這個，就著洗臉水把澡豆麵吃了下去。陸暢的朋友問他：「你當了豪門女婿，想必有不少享受吧？」陸暢說：「豪門講究太多，有些真的讓人受不了。每天早晨都要吃辣麵糊糊，日子快過不下去了！」

　　《世說新書》也提到類似的事：王敦剛和公主結婚時，他去上廁所，看到漆雕的盒子放著很多乾棗。這些乾棗是為了讓人塞住鼻子、不聞臭氣，結果他以為是擺放的果品，拿起來吃，還全部吃光。等他從廁所出來，下人捧著盛滿水的金漆手盆讓他洗手，還有人捧著琉璃碗，裡面裝著洗手用的澡豆。王敦一看是豆麵，就把澡豆倒進水盆，攪和一下就喝了，下人看到沒有不捂嘴偷笑的。

典籍韞櫝 ——————————

〔唐〕段成式《酉陽雜俎》
予為兒時，常聽人說陸暢初娶童溪女，每旦，群婢捧匜，以銀奩盛澡豆，陸不識，輒沃水服之。其友生問：「君為貴門女婿，幾多樂事？」陸云：「貴門禮法甚有苦者，日俾予食辣，殆不可過。」近覽《世說新書》云：「王敦初尚公主，如廁，見漆箱盛乾棗，本以塞鼻，王謂廁上下果，食至盡。既還，婢擎金漆盤貯水，琉璃碗進澡豆，因倒著水中，既飲之，群婢莫不掩口。」

 古今四季都有喵

紅裝喵

絕育手術

陰山縱馬執長鞭，
黃河吟嘯彈寶劍。
功名未竟親未娶，
不到一歲已被閹。

從前的生活

　　中國古代很長的一段時間，婚服，尤其是女性的婚服不是大紅色的。唐、宋時期，新郎雖然穿紅色禮服，但新娘穿的是青綠色禮服，就是成語「紅男綠女」的由來。另外，古代通常是在黃昏時舉辦婚禮。

　　北宋都城開封府的城市風貌在《東京夢華錄》重現，當時人們嫁娶的細節歷歷在目：娶親那天，男方用車或花轎帶著伴郎和幫手們先到女方家門口。女方出來迎接，給男方一段彩

綢。然後新郎官開始在新娘的窗外吟誦催妝詩詞，周圍還有人吹打喜樂，示意新娘可以動身了。三番四次後，新娘才上了男方停在門口的花轎。但轎夫卻不肯抬轎子，吵吵嚷嚷要求給紅包才能走，這個紅包有個名頭叫「起簷子」。給了紅包後才往男方家走，這時負責迎客的人要先一步回到男方家的門口迎候。

等大隊伍到了門口，隨從和男方親戚不讓隊伍進門，吵鬧著要給紅包才行，這個紅包叫「攔門」。發過這輪紅包，新娘子下轎後，就有巫婆過來拿著大斗，裡面裝著乾果、點心等，口中念一番吉祥話，然後開始撒大斗裡的小吃。小孩子們一哄而上爭搶，這個環節被稱為「撒穀豆」。民間有討厭青羊的風俗，認為青羊不吉利，因此新娘子從花轎下來後，腳不能踩在土地上，一定要踩在青布條或毛氈席子一類的東西上。一個人在新娘子前捧著一面鏡子倒退進門，同時引導新娘子進門時跨過馬鞍，越過草堆、秤桿和秤砣。

進了門，讓新娘子到小廳堂，廳堂中掛一個帷帳，讓新娘子坐在帷帳下，叫「坐虛帳」；或者直接進屋坐在床上，叫「坐富貴」。然後新郎送走女方前來幫忙的人，到門口快喝三碗酒回來，這叫「走送」。前來參加婚禮的諸位賓客入席喝三杯酒後，新郎穿好禮服，頭上插滿鮮花，在中堂布置一個矮榻，上面放把椅子，新郎坐在椅子上，叫「高坐」。接著先由媒人敬酒，男方的女性長輩再敬酒，最後是丈母娘敬酒，每人敬一杯，新郎喝完酒才能從椅子上起身去見新娘。洞房的門上要掛段彩綢，彩綢兩端撕開打橫掛著。等新郎進屋，屋外的人們爭相把掛在上面的彩綢撕成小片拿走，這叫「利市繳門紅」。

新郎請新娘出來，這時男方再拿出一段彩綢，同最開始女方交給男方的那段彩綢打一個同心結，連成一條「牽巾」。牽巾的一端掛在新郎手裡的笏板上，另一端新娘拿在手裡。兩人相對而立，新郎先倒著退出屋，新娘牽著牽巾跟著。到了祠堂，二人參拜，禮畢，新娘先倒退出去，新郎跟著。在左右的簇擁下，新郎、新娘再次回到洞房，雙方依禮節行禮對拜後，坐到床上。女方面向左，男方面向右。然後由女性把銅錢、乾果、糖塊隨意拋撒在床上和地上，叫「撒帳」。

典籍輯續

〔宋〕孟元老《東京夢華錄》
至迎娶日，兒家以車子或花簷子發迎客引至女家門。女家管待迎客，與之彩段，作樂催妝上車簷。從人未肯起，炒咬利市，謂之「起簷子」。予以然後行。迎客先回至兒家門，從人及兒家人乞覓利市錢物花紅等，謂之「欄門」。新婦下車子，有陰陽人執斗，內盛穀豆錢果草節等，咒祝望門而撒，小兒輩爭拾之，謂之「撒穀豆」。俗云厭青羊等殺神也，新人下車簷，踏青布條或氈席，不得踏地。一人捧鏡倒行，引新人跨鞍驀草及秤上過。入門，於一室內當中懸帳，謂之「坐虛帳」。或只逕入房中坐於床上，亦謂之「坐富貴」。其送女客，急三盞而退，謂之「走送」。眾客就筵三杯之後，婿具公裳花勝簇面，於中堂升一榻，上置椅子，謂之「高坐」。先媒氏請，次姨氏或妗氏請，各斟一杯飲之，次丈母請，方下坐。新人門額，用彩一段，碎裂其下，橫抹掛之。婿入房，即眾爭扯小片而去，謂之「利市繳門紅」。婿於床前請新婦出，二家各出彩段，綰同心，謂之「牽巾」。男掛於笏，女搭於手，男倒行出，面皆相向。至家廟前參拜畢，女復倒行，扶入房講拜。男女各爭先後對拜畢，就床，女向左，男向右坐，婦女以金錢彩果散擲，謂之「撒帳」。

 古今四季都有喵

青團喵

眼睛

你的眼睛有時很大，
能裝下很多東西。
我還經常在你眼裡，
看到了一個我。

你的眼睛有時很小，
裝不下兩滴水，
低頭用手背擦著說，
被蒸氣熏了眼。

從前的生活

現代的清明節是祭奠先祖和過世親朋的日子，但在古代，清明節沒有這麼哀傷，而是踏青郊遊、購物迎春的節日。

古代清明時節的生活場景是什麼樣呢？宋人吳自牧編寫的《夢粱錄》，全書二十卷，仿照孟元老記述北宋民生的《東京夢華錄》體例，分為一百六十九目，搜羅宏富，分類詳細，從各個角度反映出當時偏安一隅的南宋都城的經濟文化、生活和風土民情。書中對清明節的風俗習慣有一番詳細介紹：清明節在三月間，節前兩天是「寒食節」。京城的人從冬至後開始數，過一百零五天就是寒食節。寒食節時，家家戶戶把柳條插在門上，叫做「明眼」。而且不論富貴貧賤，只要家裡孩子今年該成人卻還未舉行冠禮、笄禮，都會選擇在這天舉行。寒食節後的第三天是清明節，每年宮裡都會讓年紀小的內侍在閤門處用榆木鑽木取火，第一個將火生起來的賞賜金碗和三匹絹。緊接著用這個火種點起巨大的蠟燭，頒賜給群臣，「鑽燧改火」說的就是這件事。清明節的前五天，讓宮裡人帶著儀仗到紹興攢宮祭拜，其他宗室成員分別去祖宗的陵廟祭拜。負責辦差的這些人，以前官家會提供紫衫、白絹、三角兒青行纏，如今也遵循舊例照舊發放。到了清明節那天，還有人去祭拜赤山等陵墓和其他的妃子、公主、王子的陵廟，供上貢品舉行祭祀。皇家如此，官員百姓們也都在這一天到郊外掃墓、上墳，以表達對家中先人的追思之情。因為出行人數眾多，車馬也多，甚至出現都城門口大塞車的情況。

很多人在清明時節踏青郊遊，專門找風景秀美的園林宴飲，好欣賞奇花異草的勃勃生氣。還有不少人選擇遊湖，人們坐在周身畫著精美彩畫的小船上，慢慢划船、撐舟，看到好的景致就停船宴飲，十分快活。

清明節這天還可以看到賽龍舟，看賽龍舟的人數眾多，而且不論貧富都喜歡這個熱鬧場面。以至於觀看龍舟賽的岸邊，敲鑼打鼓，奏樂聲、唱歌聲鼎沸，就算是都城開封府的金明池，也未必有臨安城賽龍舟的場面這麼大。天色漸晚時，能看到遠處紅霞的影子倒映在水面，一時色彩斑斕，煞是好看。再晚一點能看到月上柳梢頭，氣氛嫻雅。可即便到了月亮都出來時，仍有很多人歌舞正歡，根本沒想著要回家。但終究天晚了，男人騎馬，女人乘轎，陸陸續續往回走。後面跟著的僕人、小童，身上挑著木魚、龍船、花籃、鬧竿，一起往回走，到家後再把這些送給親朋鄰里……

典籍醞檔 ——————————

〔宋〕吳自牧《夢粱錄》
清明交三月，節前兩日謂之「寒食」，京師人從冬至後數起至一五日，便是此日，家家以柳條插於門，名之曰「明眼」。凡官民不論小大家，子女未冠笄者，以此日上頭。寒食第三日，即清明節，每歲禁中命小內侍於閤門用榆木鑽火，先進者賜金碗、絹三匹。宣賜臣僚巨燭，正所謂「鑽燧改火」者，即此時也。禁中前五日，發宮人車馬往紹興攢宮朝陵。宗室南班，亦分遣諸陵，行朝享禮。向者從人官給紫衫、白絹、三角兒青行纏，今亦遵例支給。至日，亦有車馬詣赤山諸攢，並諸宮宅王子墳堂，行享祀禮。官員士庶，俱出郊省墳，以盡思時之敬。車馬往來繁盛，填塞都門。宴於郊者，則就名園芳圃，奇花異木之處；宴於湖者，則彩舟畫舫，款款撐駕，隨處行樂。此日又有龍舟可觀，都人不論貧富，傾城而出，笙歌鼎沸，鼓吹喧天，雖東京金明池未必如此之佳。殢酒貪歡，不覺日晚。紅霞映水，月掛柳梢，歌韻清圓，樂聲嘹亮，此時尚猶未絕。男跨雕鞍，女乘花轎，次第入城。又使童僕挑著木魚、龍船、花籃、鬧竿等物歸家，以餽親朋鄰里。杭城風俗，侈靡相尚，大抵如此。

添香喵

不貪心

貓沒有家，
貓也不會想家，
只要可以安心睡覺，
就行。

貓不孤單，
貓也不會孤單，
只要有你味道的地方，
就行。

就算醒著沒有，
夢裡也有。

從前的生活

　　古代的達官貴人，不論男女都有熏香的習慣，即便是男人的衣衫，往往也用熏香熏蒸過，男人熏香是高潔、有品位的象徵。正因為這種社會風尚，有條件的人往往會斥鉅資求購金貴香料。熏香時，對焚香手法還有諸多講究。一般來講，透過對火頭香灰的控制，以香料陰燃散發出香味卻不冒煙為佳。

　　古代香料的品類繁多，明代戲曲作家高濂在《遵生八箋·燕閒清賞箋·論香》細緻地梳理不同香料的不同用途：妙高香、生香、檀香、降真香、京線香，這些香的香氣十分幽雅、高妙，冷香，不熱烈；蘭香、速香、沉香，這三種香氣頗為恬淡優雅；越鄰香、甜香、萬春香、黑龍掛香，香氣溫潤淡雅不刺激；黃香餅、芙蓉香、龍涎餅、內香餅，都是華貴馥郁的濃郁名香；玉華香、龍樓香、撒馥蘭香，它們的香氣幽遠綿長，經久不散；伽楠香、唵叭香、波律香，香氣與世俗常見的味道有別，乾淨而空靈。那些避世隱居的高人坐而論道時，適合點燃優雅高妙的香，可以用香氣洗滌煩躁，清淨心神。四更天殘月漸落時，適合焚燒恬淡清雅的香，可以凝神靜氣，放鬆身心。在晴窗下習字吟詩、秉燭夜讀時，適合燃一爐溫潤淡雅的香，可以振作精神，就是古人說的用香可以伴月。華貴馥郁的濃郁名香，適合在與佳人把手密談時，一起抱著暖爐，邊取暖邊訴衷腸……就是古人說的用香可以助情。幽遠綿長的香適合在雨窗前閱讀，或者午睡後起床，在書案上學習，茶水味道轉淡的時候點上。又或者適合在為酒宴上喝醉的客人準備的屋裡，放一爐這樣悠遠綿長的香，香氣氤氳，撩人又能緩解醉酒的不適。或用在滿月夜中，或用在撫琴彈奏時，或用在

登樓遠眺、遠山盡在眼底的時候，將燒熱香爐中的火壓下一半，放進乾淨空靈的香，香氣縹緲，繞簾不散，同時還可以祛邪穢。黃暖閣、黑暖閣、官香、紗帽香這幾種香適合在佛堂大廳等處點燃，聚仙香、百花香、蒼術香、河南黑芸香可以在臥室小間內焚燒。

　　高濂的朋友曾問他：「把這些香混在一起燒就結束了，哪來這麼多規矩？」高濂回答：「香的趣味和品性各有不同，有些適合微火熏蒸才能散發香氣，有些適合猛火燒燎才能激發味道，愛香之人自能分辨出其中的高下優劣，不懂此道的人自然不明所以。領悟香道中的妙處，透過聞香來辨別香的好壞，和我一樣是香道同好的話自然心裡有數，一點細微表情就能理解彼此的意思了。」

夏

綠樹蔭濃
夏日喵

撫琴喵

真該學學貓

貓的聽力特別好，
聽到的聲音範圍遠比人類寬廣，
還能輕易聽到人聽不見的音量。

甚至可以控制肌肉轉動耳朵，
捕捉聲音的方向，
真是處處比人類強。

但牠遇到自己不想聽的事情，
就能表現得和沒聽見一樣。

從前的生活

　　古琴是中國傳統的撥絃樂器，距今已有三千多年的歷史。
古琴長四尺五寸，意在印證天地有四季，宇宙有五行。古人認

夏・綠樹陰濃夏日喵

為音樂和禮儀相輔相成，所謂「禮樂」便是這個意思，琴做為古代樂器的一種，自然被賦予特殊含義。據漢代班固的《白虎通》記載，古琴有禁令的意思，所以古人用琴聲禁止不恰當的舉動和低級偏頗的心思，用來端正人心。不同的琴對應不同美德，故而古琴時常和君子德行聯繫在一起。

　　按照古代譜牒《世本》的說法，神農氏創造出古琴。《尚書》說：「舜彈著五弦的古琴，唱著〈南風〉這首歌，天下因此大治。」《詩經》說：「我這裡有嘉賓來訪，於是彈琴、彈瑟地奏樂招待他。」古琴的雅音是音樂的統領，能與金、石、絲、竹、匏、土、革、木這八種不同材質的樂器所奏的曲子合奏。古琴因此成為有德行的人常彈撥的樂器，君子與古琴非常親密，總把它放在身邊。古琴不一定要放置在肅穆莊嚴的宗祠廟堂，也不一定要像鐘磬那樣排列好、掛在架子上，窮困潦倒的人家或深山幽谷中，也會有古琴的身影。古琴的大小適中，聲音溫和，琴音再響也不會擾人，琴音再小也不至於聽不到，聽著只會讓人感到舒服；琴曲聽了滌蕩心懷，使人向善。所以說琴音可以禁止惡行，雅樂可以正身。用琴彈奏雅樂，好比有德行的人用內心的端方正直來自我警醒，不去作惡。

　　為憤懣不滿的事而作的曲子，名為「操」。儘管受到外界阻撓迫害，志氣不得伸展以致窮困窘厄，內心抱有不平和憤怒，但失意時仍能恪守君子的信義志向，不向強權低頭，為了心中的理想而努力，不因現實的困窘失去做為人應該有的操守，這種曲子最後都以「某某操」命名。

說到琴，不得不提到先秦時期著名的琴師俞伯牙，他和鍾子期的感人故事廣為流傳。傳說俞伯牙剛開始彈琴，鍾子期就能聽出琴音中蘊含著如高山般的情志。鍾子期感嘆：「這種品德如泰山般高高聳立，嚴正端莊！」隨後俞伯牙的琴音轉為寄託流水延綿奔湧之勢，於是鍾子期又感嘆道：「這種志向好啊！就好像暢達的江水一樣！」後來鍾子期去世，俞伯牙因痛失唯一的知音而割斷琴弦，摔破琴身，至死再沒彈過琴，因為世上再也沒有人值得他為之彈奏了。

典籍韞櫝

〔漢〕應劭《風俗通義》

謹按《世本》：「神農作琴。」《尚書》：「舜彈五弦之琴，歌〈南風〉之詩，而天下治。」《詩》云：「我有嘉賓，鼓瑟鼓琴。」雅琴者，樂之統也。與八音並行。然君子所常御者，琴最親密，不離於身。非必陳設於宗廟鄉黨，非若鐘鼓羅列於虞懸也。雖在窮閻陋巷，深山幽谷，猶不失琴，以為琴之大小得中而聲音和。大聲不嘩人而流漫，小聲不湮滅而不聞。適足以和人意氣，感人善心。故琴之為言禁也，雅之為言正也。言君子守正以自禁也。夫以正雅之聲，動感正意，故善心勝，邪惡禁……其遇閉塞，憂愁而作者，命其曲曰〈操〉。〈操〉者，言遇菑遭害，困厄窮迫，雖怨恨失意，猶守禮義，不懼不懾，樂道而不失其操者也。昔伯牙方鼓琴，鍾子期聽之，而意在高山。子期曰：「善哉乎！巍巍若太山。」頃之間而意在流水，鍾子又曰：「善哉乎，湯湯若江河。」子期死，伯牙破琴絕弦，終身不復鼓，以為世無足為音者也。今琴長四尺五寸，法四時五行也。七弦者，法七星也。

〔漢〕班固《白虎通德論・卷二》

瑟者，嗇也，閑也。所以懲忿。宮商角則宜君父有節，臣子有義，然後四時和。所以懲忿四時和然後萬物生。故謂之瑟也。琴者，禁也，所以禁止淫邪、正人心也。

耕織喵

寶貝

我去尿了一泡，
用沙子蓋上。
等一會兒，
就看到那個傢伙過來了。

用鏟子「唰唰」兩下，
把什麼東西刨走了。

我去拉了一坨，
也用沙子蓋上。
等一會兒，
那傢伙又來了。

用鏟子「唰唰」兩下，
把什麼東西也刨走了。

我實驗了很多次。
每次都看到那傢伙，
匆忙地來、匆忙地走。
沙子裡
是不是有寶貝？

從前的生活

中華文明以農耕文化為基礎，怎麼讓百姓透過耕種達到溫飽呢？北周名臣蘇綽在〈盡地利奏〉有自己的思考：人生在這個天地間，必須吃東西、穿衣服，求個溫飽才能活下去。如果吃得不夠就會挨餓，穿得不足就會受凍。吃不飽、穿不暖的情況下，想要讓百姓考慮什麼禮義廉恥，好比想讓斜坡下的小球自動向上滾動一樣，根本是不可能的事。就因為這樣，古代聖明的君主，才努力先讓百姓衣食無憂，再對人民進行教化，改良素質。

想讓百姓達到溫飽，要靠百姓從事農耕機織的勞動，從土地中獲取衣食。怎麼才能將土地生產衣食的能力最大化呢？主要還是靠政府有力地組織和協調生產。擔任組織協調工作、規勸生產的負責人，主要是州牧、郡守、縣令一類的長官。如果有人意識不到從事生產的重要性，這些長官一定要教會他其中的道理，然後讓他努力生產勞動。每年開春，全國各地一定要在耕織方面對百姓進行教育動員，只要有體力幹活，無論年齡多大多小，都要讓他們下地種田。在對的時間，對的地點，認真從事開墾耕種的工作。

等到苗種播種完畢，也不能鬆懈，還需要一直重視田間管理。到了秋收，麥子要趕緊收，蠶繭要趕緊繰絲，在這種農忙時節，一定要動員全部人力，男女齊上陣，這時就像救火、救溺水的人或抓小偷和強盜一樣，一刻都耽誤不得，要趁著時節將麥子趕緊收上來，蠶繭趕緊煮好，一年的辛苦才不會白費。

要是有那種遊手好閒、懶惰成性，整天只知道到處閒逛，不好好從事生產勞動的人，要把名字記下來，在郡縣中通報批評，然後給予責罰。透過處罰一個人，達到警示他人的作用，表明政府支持農桑的態度。

一塊田，春天一定要耕耘，夏天要播種，秋天有收穫，冬天才有得吃。春、夏、秋三個時段是務農最要緊的時間，哪個時段出問題，最後就會沒得吃。所以之前的帝王們說過類似的注意事項：一個人不從事耕種，天下就一定有吃不上飯的；一個人不織布，天下就一定有穿不暖的。春、夏、秋的時候不督促人民務農、養蠶，其實就是絕了百姓後路，逼他們去死。

實際執行時如果遇到家中人丁單薄，或者家裡養不起牛、耕種起來有困難，要督促富裕和有餘力的家庭提供幫助，透過暫時出借工具或勞動力的方式，幫助他們度過難關。農閒時或下雨天等不適合下地耕種的日子，還應當為百姓普及種桑樹、果樹、蔬菜的各種知識，讓他們可以透過種桑果，養雞、豬等方式豐富自己種植和養殖的種類，增強抵抗天災的能力，從而更好地生存下去。

當然，施政時，條令一定不要太過瑣碎，否則不容易實施。從事生產的達標標準不宜制定得太輕鬆，不然百姓容易懈怠。善於制定政策的人在定計畫時，一定會注重理論聯繫實際，從而制定一個合適的推行標準。這就是《詩經》說的：當權者每天都要憂心操勞，希望施政能達到不過、不失的程度，畢

竟關係著民生問題。如果不能做到理論和實際情況相吻合，就是殘害人民的惡
政。

 古今四季都有喵

〔唐〕令狐德棻《周書・卷二十三》

人生天地之間，以衣食為命。食不足則饑，衣不足則寒。饑寒切體，而欲使民興行禮讓者，此猶逆阪走丸，勢不可得也。是以古之聖王，知其若此，故先足其衣食，然後教化隨之。夫衣食所以足者，在於地利盡。地利所以盡者，由於勸課有方。主此教者，在乎牧守令長而已。民者冥也，智不自周，必待勸教，然後盡其力。諸州郡縣，每至歲首，必戒敕部民，無問少長，但能操持農器者，皆令就田，墾發以時，勿失其所。及布種既訖，嘉苗須理。麥秋在野，蠶停於室，若此之時，皆宜少長悉力，男女並功，若援溺、救火、寇盜之將至。然後可使農夫不廢其業，蠶婦得就其功。若有遊手怠惰，早歸晚出，好逸惡勞，不勤事業者，則正長牒名郡縣，守令隨事加罰，罪一勸百。此則明宰之教也。

夫百畝之田，必春耕之，夏種之，秋收之，然後冬食之。此三時者，農之要也。若失其一時，則穀不可得而食。故先王之戒曰：「一夫不耕，天下必有受其饑者；一婦不織，天下必有受其寒者。」若此三時不務省事，而令民廢農者，是則絕民之命，驅以就死然。單劣之戶，及無牛之家，勸令有無相通，使得兼濟。三農之際，及陰雨之暇，又當教民種桑、植果，藝其菜蔬，修其園圃，畜育雞豚，以備生生之資，以供養生之具。夫為政不欲過碎，碎則民煩；勸課亦不容太簡，簡則民怠。善為政者，必消息時宜而適煩簡之中。故《詩》曰：「不剛不柔，布政優優，百祿是求。」如不能爾，則必陷於刑辟矣。

行樂喵

青春期

河邊泡腳，
是幾個月的少年貓
才會幹的叛逆行為。
之後梳毛麻煩死了，
誰舔誰知道。

從前的生活

　　這幅畫的主題構圖來自《雍正行樂圖》，畫中的龍袍喵正是雍正。原畫中的雍正化身在河邊泡腳、乘涼的農夫，身為皇帝無暇休息，只能在畫中展現出優哉游哉的樣子。

　　古人避暑納涼的閒情野趣，在唐詩〈避暑〉可見一斑：夏日炎炎，炙熱的陽光把葉子染成金色，田裡本來翠綠的莊稼、蔬菜，被晒得蔫頭耷腦、提不起精神。天氣實在太熱了，只好去溪

夏・綠樹陰濃夏日喵

邊避暑。既然來到溪邊，反正也是閒著，不如學姜子牙用直鉤釣魚，釣一分夏日閒趣。拿著瀟湘竹的涼席，去茂盛的樹林中避暑。樹蔭遮蔽了豔陽，平時覺得老來頭髮稀疏不是好事，到了夏天反倒覺得頭髮少能散散暑氣，也不錯。躺在竹席上，終於覺得身下傳來絲絲涼意，知了的鳴叫聲聲入耳，燥熱的心一時間享受到了清涼寧靜。

傳說古代有個叫許慎選的學士，平時放蕩不羈，不拘小節，因為天氣太熱，常與親朋好友在花園中宴飲，不搭帷帳，也不拿椅子，只是指使僕從收集落花，全都鋪在地上，然後自己坐在上面。他還對別人說：「要什麼椅子？我這兒已經有花朵做的墊子啦！」

據說唐朝時，楊貴妃每到夏天很熱的月分，經常穿著薄紗衣裙，讓幾個侍從一起替她搧風，就算這樣，她還是覺得燥熱難耐，常弄得一身都是汗。因為楊貴妃用香粉、胭脂化妝，而香粉和胭脂會加入各種名貴香料，或者用花熏製而成。所以汗水中自然帶著香粉、胭脂的顏色和香氣，如果用汗巾擦汗，就會在汗巾留下桃紅色的汗漬，香豔非凡。

明代著名戲曲作家高濂對避暑倒是自有一套方法，他在《遵生八箋》詳細描述一處「避暑聖地」：靈鷲山下有一個岩石洞穴，周圍山石清奇，虛敞說這是西方飛來一塊奇石形成的。山洞中溫度低，人走進去竟然會覺得有點冷。洞裡空間很大，岩壁上面很陡峭，廣闊的地方能有廳堂那麼大，狹小的地方大概只有一個單人房那麼小，但無論大小，人都能暢通行走，沒有什麼不方便。洞

外山頂上，三伏天的酷暑簡直要把人點著了。在洞裡披著衣服、打散頭髮坐著，覺得清涼痛快，十分舒爽。在這裡和朋友們一起喝酒、唱歌，洞穴間隱隱傳來回聲應和著，簡直可以忘卻俗世的所有煩惱。洞內的這種涼意，甚至讓高濂感慨夏天穿單衣太單薄，簡直有了好像已經是秋天的感覺。

《陰陽書》說夏至十四天後就開始入伏，從入伏當天開始，七天為初伏，第二個七天是中伏，立秋之後的七天是末伏。《史記正義》提到，周代沒有「伏」這個說法，三伏天這個說法最早是從秦德公開始，還有一說是從秦始皇時才開始有「六月入伏」的說法。《東京夢華錄》提到，唐代長安人特別看中三伏天。可能是因為六月沒有什麼特別的節氣時令，所以入伏就變成這個月的大事。那時長安人只要入伏就開始慶祝活動，通常選擇在涼爽通風的水榭中。人們吃冰鎮瓜果和鮮菜醃魚，周圍還要擺上冰窖裡的冰塊，用來替空氣降溫；吃飽後還要臨水飲酒、作詩，通宵歌舞。

〔唐〕徐凝〈避暑二首〉

一株金染密，數畝碧鮮疏。避暑臨溪坐，何妨直釣魚。

斑多筒簟冷，發少角冠清。避暑長林下，寒蟬又有聲。

〔五代〕王仁裕《開元天寶遺事》

花裀

學士許慎選，放曠不拘小節，多與親友結宴於花圃中，未嘗具帷幄，設坐具，使童僕輩聚落花鋪於坐下。慎選曰：「吾自有花裀，何消坐具？」

紅汗

貴妃每至夏月，常衣輕綃，使侍兒交扇鼓風，猶不解其熱。每有汗出，紅膩而多香，或拭之於巾帕之上，其色如桃紅也。

〔明〕高濂《遵生八箋》

靈鷲山下，岩洞玲瓏，周回虛敞，指為西域飛來一小岩也。氣涼石冷，入徑凜然。洞中陡處，高空若堂。窄處方斗若室，俱可人行，無礙頂處。三伏熏人，燎肌燔骨，坐此披襟散發，把酒放歌，俾川鳴谷應，清泠灑然，不知人世今為何月？顧我絺綌，不勝秋盡矣。

〔唐〕徐堅《初學記·卷四》

《陰陽書》曰：「從夏至後第三庚為初伏，第四庚為中伏，立秋後初庚為後伏，謂之三伏，曹植謂之三旬。」《史記》曰：「秦德公始為伏祠。」

〔宋〕孟元老《東京夢華錄》

都人最重三伏，蓋六月中別無時節，往往風亭水榭，峻宇高樓，雪檻冰盤，浮瓜沉李，流杯曲沼，苞鮓新荷，遠邇笙歌，通夕而罷。

 古今四季都有喵

夜宴喵

貓狗有別

正吃飯呢，
你別脫鞋啊！
我們貓又不像狗，
需要用屎味佐餐。

從前的生活

　　《韓熙載夜宴圖》是五代十國時期的畫家顧閎中所繪，現存的是宋代臨摹本。據《宣和畫譜》記載，顧閎中是江南人，曾任南唐畫院待詔，繪畫水準高超，尤其以人物情態的描摹見長。韓熙載是中書舍人，當時的貴冑們喜歡聽歌唱曲的宴飲活動，尤其喜歡夜宴。宴會上各色人等齊聚、縱情，沒有白天正式場合的拘束感。當時南唐皇帝覺得韓熙載是個有才情的人，明知他私生活比較混亂，也裝作沒看見，不加以管束。但是韓熙載夜宴荒唐的傳聞愈演愈烈，朝野上下幾乎人盡皆知。南唐皇帝想看看在大魚大肉的酒桌間，韓熙載尋歡作樂的姿態，只是礙於身分，不能親自跑去看熱鬧，於是派畫師顧閎中混在賓客

中，把宴會情景暗暗記在心裡，回來後畫在紙上，拿給自己看，《韓熙載夜宴圖》就是這樣誕生的。

南唐皇帝雖說是篡位得來的假皇帝，但好歹有個小朝廷，在朝堂上也要講究君臣之禮。他竟然派臣下去偷窺，還要畫下來滿足自己賞玩的興趣，這和傳言張敞在家總替夫人畫眉毛一樣，聽到這件事本身就已經很不體面了。這種偷窺別人的畫作，身為皇帝非要看就看了，看完趕緊銷毀不好嗎？為什麼還要留下傳給後世呢？

《韓熙載夜宴圖》的獨特之處在於，用一幅卷軸囊括了從開宴到送客的全過程。主人公韓熙載出現在畫中各處，畫作線條遒勁、精細，構圖具有想像力，我們的喵畫表現的是宴會中間小憩的部分。

關於古人酒宴的荒唐，《開元天寶遺事》有更多細節：長安進士鄭愚、劉參、郭保衡、王沖、張道隱等數十人，平時不太講究禮儀，即便有外人在場也假裝沒看見，大搖大擺，和獨自在家一樣。每到春天，他們就會選幾個打扮得招搖豔麗的歌伎，駕著小牛車，去名園賞景。喝酒作樂到酣暢淋漓，脫光衣服躺在草地上，摘掉頭巾帽子大笑大叫。對於這種毫無體統的醉態，他們還替自己配上「顛飲」的雅稱。

唐朝時寧王李憲有一個歌伎叫寵姐，非常受寵，據說人長得美，歌唱得也好聽。每到有宴會時，府上其他歌伎都在賓客前表演，只有寵姐不見客。一次，酒宴進行到一半時，李白仗著酒醉開玩笑：「我總聽說您家的寵姐歌喉

非凡，現在大家吃飽喝足，您別小氣，讓寵姐出來替宴飲助助興。」寧王笑著對下人說：「去把七寶花屏障拿出來擺好。」然後讓寵姐在花屏障後面獻唱助興。李白聽完起身感謝：「雖然您不許我們看到寵姐的模樣，但能聽到如此美妙的歌喉也是幸運了！」

典籍軀檔 ————————————————————————————————

〔五代〕王仁裕《開元天寶遺事》

顛飲

長安進士鄭愚、劉參、郭保衡、王沖、張道隱等十數輩，不拘禮節，旁若無人。每春時選妖伎三、五人，乘小犢車，指名園曲沼，藉草裸形，去其巾帽，叫笑喧呼，自謂之「顛飲」。

隔障歌

寧王宮有樂伎寵姐者，美姿色，善謳唱。每宴外客，其諸伎女盡在目前，惟寵姐客莫能見。飲欲半酣，詞客李太白恃醉戲曰：「白久聞王有寵姐善歌，今酒肴醉飽，群公宴倦，王何吝此女示於眾！」王笑謂左右曰：「設七寶花障，召寵姐於障後歌之。」白起謝曰：「雖不許見面，聞其聲亦幸矣。」

〔宋〕宣和《宣和畫譜》

顧閎中，江南人也。事偽主李氏為待詔。善畫，獨見於人物。是時，中書舍人韓熙載，以貴游世冑多好聲伎，專為夜飲，雖賓客揉雜，歡呼狂逸，不復拘制。李氏惜其才，置而不問。聲傳中外，頗聞其荒縱，然欲見樽俎燈燭間觥籌交錯之態度不可得，乃命閎中夜至其第，竊窺之，目識心記，圖繪以上之。故世有《韓熙載夜宴圖》。李氏雖僭偽一方，亦復有君臣上下矣。至於寫臣下私褻以觀，則泰至多奇樂，如張敞所謂不特畫眉之說，已自失體，又何必令傳於世哉！一閱而棄之可也。

消夏喵

不敢動

你靠著我的腿睡著了。

也許，

你夢裡在追蝴蝶；

也許，

你夢裡在撈小魚；

也許，

你夢裡在爬高樹。

我一動，

蝴蝶飛了，

小魚走了，

大樹沒了，

豈不煞風景。

從前的生活

　　夏天避暑，古代長安富家子弟劉逸、李閒、衛曠，家裡都非常有錢，而且喜歡接待四方的游俠名士，不看重錢財而看中義氣。如果聽說誰有什麼著急困難的事情，一定出錢幫襯，真的是慷慨義士，難怪人們都很仰慕他們。每年到了暑伏，他們就在竹林中立起畫著花的柱子，然後用美麗的綢緞搭起涼棚。涼棚下擺好桌椅，雇了長安有名的歌伎在席間伺候，然後廣邀賓客來這裡吃喝避暑，當時的人沒有不羨慕的。

到了宋代，文人消夏的常用方式是將胡床放到樹蔭下，床邊立一面屏風稍作遮擋，弛然而臥，暑熱自去，那時山間的涼亭和古剎都是文人納涼的好去處。

元代文學家盧摯對避暑納涼有一套方法，他經常把鋪著竹涼席的榻放在柳樹、槐樹的樹蔭下，然後躺在上面躲避夏日的酷暑，天氣這麼熱，也懶得拿包頭布把頭髮裹起來，乾脆披散著還涼快一點。從旁邊拿出冰塊敲碎，把李子放上去冰鎮，將西瓜放到陰涼井水裡沁涼。就著冰盤中冰塊散發出來的冷氣，吃著冰鎮水果，真的是讀書人家的好享受，迷迷糊糊地睡著了；午睡醒來，睡得衣襟亂了，頭髮散了，卻是別有一番滋味。

在古代沒有空調的炎炎夏日裡，有盧摯這樣不怕麻煩又會享受的，但懶人也有自己的一套睡覺方式，歐陽修還就這件事吐槽過王安石：「王安石認為夏天睡覺時，用方形的枕頭為好。問他什麼道理，他說：『睡得久了，總枕著一個地方，體溫都把枕頭焐熱了，很難受。這個時候方枕頭就方便轉個方向，枕沒有被焐熱的地方繼續睡。』」王安石的嗜睡程度，可見一斑。

清代曹庭棟的《養生隨筆》記載，古代的席子一定會有縫邊。過去的人們用不同材質的布料縫製席子的邊緣，還能具備裝飾席子的作用，但後來做席子邊，大多是耐用、耐磨性好的布料，與其用綢緞這種金貴嬌氣的布料，不如用粗布縫邊來得實用。盛夏時，擦席子也應該用沸水擦洗，這樣才能將被汗漬的席子的潮氣徹底逼出來，把席子擦乾淨，人躺在上面才乾爽、不生病。有貪涼的人，用剛打上來冰涼的井水擦席子，井水的陰寒氣息就進入席子裡面，對人一點好處都沒有，生病都不是小病。還有人用大木盆，盛放冰涼的井水，然後

把木盆放到床下。這麼做雖然不是身體直接接觸陰冷寒氣，但對人也不是很好。只有在屋裡桌子上，放上冰盤這種方法最好。裡面的冰塊隨著融化向四周散發涼氣，又能祛暑清熱，還對人體健康沒有損害。

典籍輻輳

〔五代〕王仁裕《開元天寶遺事》

結棚避暑

長安富家子劉逸、李閑、衛曠，家世巨豪，而好接待四方之士，疏財重義，有難必救，真慷慨之士，人皆歸仰焉。每至暑伏中，各於林亭內植畫柱，以錦綺結為涼棚，設坐具，召長安名伎間坐，遞相延請，為避暑之會。時人無不愛羨也。

〔元〕盧摯〈雙調·沉醉東風〉

避暑

避炎君頻稱竹榻，趁新涼懶裹烏紗。柳影中，槐陰下，旋敲冰沉李浮瓜。會受用文章處士家，午夢醒披襟散髮。

〔明〕陳夢雷《欽定古今圖書集成》

歐陽修云：「王介甫以夏月晝睡方枕為佳。」問其何理，云：「睡久，氣蒸枕熱，則轉一方冷處。」介甫知睡，真懶者也。

〔明〕曹庭棟《老老恆言》

歐陽公曰：「介甫嘗云：『夏月晝臥，方枕為佳。』」睡久氣蒸枕熱，則轉一方冷處，老年雖不宜首冷，首為陽，不可令熱。況長夏晝臥，枕雖末節，亦取所宜。

〔明〕曹庭棟《養生隨筆》

古人席必有緣，緣者，猶言鑲邊也。古則緣各不同，所以飾席，今惟取耐用。緣以綢與緞，不若緣以布。盛暑拭席，亦用滾水，方能透發汗涇；有愛涼者，汲井水拭之，陰寒之氣，貽患匪小。又有以大木盆，盛井水置床下，雖涼不著體，亦非所宜。惟室中几案間，設冰盤，則涼氣四散，能清熱而無損於人。

捕魚喵

溯游而上

魚啊！
天都下雨了，
趕緊順著雨絲游過來吧！
我在房簷下等著你。

從前的生活

在古詩詞歌賦中，多有漁翁在雨雪中捕魚垂釣的意象，使得這個意象早就脫離了原本勞動的意思，被賦予閒趣、自在、情志高遠的含義和孤獨安靜的禪意美學。

古人會透過觀察自然萬物判斷天氣狀況，就像《田家五行》所述：夏天夜裡如果能看到很多星星，就是天氣會熱的徵兆。像蘆葦一類

的植物，一叢叢地生長在地上，夏天炎熱的日子裡，如果沒什麼原因突然枯死，就是將會下雨的徵兆。鯉魚、鯽魚這些魚，在農曆四、五月間，會瞅準河水暴漲的時機排卵、生子，如果鯉魚、鯽魚沒散完子，陰雨和河水就會持續暴漲；如果散完了，雨一定會停。

古代捕魚的用具和方法很多，例如用細竹條編成竹簍，圍著竹簍口用葦子葉皮收口，最後在上面留個小口插入馬鬃之類的硬毛。把竹簍架在小瀑布或湍流下，魚被順水沖進竹簍，但因為有硬毛阻擋，魚能進入竹簍而游不出去。

罩是用竹子編製的大竹簍，兩頭沒底，高度一般比水深，看準魚群游過來就罩下去，魚群就被圈在罩裡游不出去，這時再趁機抓魚。

帚的形狀像畚箕，天冷、水溫低的時候，魚就沉在水底不太愛動，這時用帚來捕魚最方便。

蟹斷用來阻斷水流，用竹編製，略有弧度，幾個蟹斷就能在水裡合圍成一圈，筐住魚群，阻斷魚蝦、螃蟹逃跑的路徑。雖然叫蟹斷，但不是光用來捕螃蟹的。

古代人們生活以農業為主，只有少數人靠漁業為生。公安縣《舊志》明顯能看出百姓的重農意識：這裡民風質樸，百姓知廉恥，守道德，有志氣抱負。這裡的人們推崇農業，認為做別的都是末流。即便是考取功名的讀書人，也熱衷於耕種，就連澆糞、插秧這些事情，都要自己看著才放心。

這裡氣候暖和，算得上是開耕播種最早的地方，農曆二月十二日後，就可以下田幹活了；到了農曆五月下半月，新的稻米就下來了。民間甚至有以誰家稻米先灌漿、成熟來打賭決勝負的習俗。與其他地方不同的是，這裡大多由女子插秧，男人在一邊敲鼓、打節拍加油，或者挑著做好的吃食送飯。問他們為什麼，那些男人回答：「插秧要求速度快，男人粗手笨腳，不如女人麻利。」

　　這裡的鄉下多湖水，秋冬季會召集所有的養魚戶集體捕魚。大家把漁具湊到一起，撒網捕魚，水面白浪亂跳，場面熱鬧非凡。鄉間有些閒著沒事愛湊熱鬧的，遇到這種情況，就帶著酒，駕著小舟去湊熱鬧。

典籍輻輳

〔明〕婁元禮《田家五行》
夏夜見星密，主熱。
蘆葦之屬，「叢生於地，夏月暴熱之日，忽自枯死，主有水。」
凡鯉鯽魚在四、五月間，得水暴漲，必散子，散不甚，水未止。盛散，水勢必定。

〔明〕王圻、王思義《三才圖會·竹器圖考·器用五卷》
皆漁具也。艋艘編細竹為籠，其口織篾為蓋，有鬣從口，漸約而至鬣，使魚能入而不能出。罩，則編竹為巨籬，空其兩頭，圍水而漁。箒其形似箕，水寒，魚多伏，用此以漁之。籪者，斷也。織竹如曲薄，屈曲圍水中以斷魚蟹之逸。其名曰蟹籪，不專取蟹也。

〔明〕陳夢雷《欽定古今圖書集成·方輿彙編》
公安縣《舊志》：人性質樸，知恥守廉，士好讀書，民多負氣，俗尚農輕末，雖士人亦勤播植。至於糞灌耘插，皆躬自督之。布種最早，花朝以後即有下田者。至五月望後，嘗新，以新之早晚為勝負。插秧多用女子，男子止擊鼓按節，或負擔饋食，問之則曰：手足滯鈍不如婦女之捷。
鄉村多湖，居民有湖業者，秋冬之間招諸漁戶，聚族捕魚筰艋。既集數罟，齊張銀刀，玉尺飛舞。水面鄉人好事者，治酒具輕舫而逐之。

百貨喵

購物清單

貓窩　　　貓玩具

貓糧　　　貓毛梳

貓草　　　貓腸胃藥

貓砂　　　貓驅蟲藥

貓包　　　貓消毒劑

貓罐頭　　貓行為指南教科書

貓食盆

貓水碗　　這些打包都給你買了，

貓抓板　　但你最喜歡的是——

貓薄荷　　包裝用的紙箱。

貓廁所　　好吧，

貓爪剪　　有你喜歡的就行。

貓香波

從前的生活

　　以鄉下挑擔賣貨郎為題的繪卷很多，其中最著名的是南宋李嵩創作的絹本水墨淡設色畫。畫面生動熱鬧，設色淡雅自然。最難得的是貨擔上的物品幾乎同實物紋絲不差，這為學者了解宋代風俗提供了重要參考。

南宋吳自牧的《夢粱錄》記載許多貨郎走街串巷叫賣的日用品：「若欲喚錮路釘鉸、修補鍋銚、箍桶、上鞋、修襆頭帽子、補修魚冠、接梳兒、染紅綠牙梳、穿結珠子、修洗鹿胎冠子、修磨刀剪、磨鏡，時時有盤街者，便可喚之。

　　且如供香印盤者，各管定鋪席人家，每日印香而去，遇月支請香錢而已。供人家食用水者，各有主顧供之。亦有每日掃街盤垃圾者，每支錢犒之。

　　其巷陌街市，常有使漆修舊人，荷大斧斫柴間，早修扇子，打蠟器，修灶，捉漏，供香餅炭墼，並炭挑擔賣油，賣油苕、掃帚、竹帚、笓帚、雞籠擔、聖堂拂子、竹柴、茹紙、生薑、薑芽、新薑、瓜、茄、菜蔬等物，賣泥風爐，行灶兒、天窗砧頭、馬杓；

　　銅鐵器如銅銚、湯瓶、銅錐、熨斗、火鍬、火箸、火夾、鐵物、漏杓、銅沙鑼、銅匙箸、銅瓶、香爐、銅火爐、簾鈎，鑞器如樽楂、果盆、果盒、酒盞、注子、偏提、盤、盂、杓；酒市急須馬盂、屈巵、淬斗、箸瓶；

　　家生動事如桌、凳、涼床、交椅、兀子、長挑、繩床、竹椅、桝笀、裙廚、衣架、棋盤、面桶、項桶、腳桶、浴桶、大小提桶、馬子、桶架、木杓、研槌、食托，青白瓷器、甌、碗、碟、茶盞、菜盆、油杆杖、滑轆、鞋楦、棒槌、烘盤、雞籠、蟲蟻籠、竹笊籬、蒸籠、糞箕、甋簞、紅簾、斑竹簾、酒絡、酒籠、筲箕、瓷甂、炒錦、砂盆、水缸、烏盆、三腳罐、枕頭、豆袋、竹夫人、懶架、涼簞、稿薦、蒲合、席子；

　　及文具物件如硯子、筆、墨、書架、書鎮、裁刀、書剪、簿子、連紙，又有鏡子、木梳、篦子、刷子、刷牙子、減裝、墨洗、漱盂子、冠梳、領抹、針線，與各色麻線、鞋面、領子、腳帶、粉心、合粉、胭脂、膠紙、托葉、墜紙等物；

又有挑擔抬盤架，買賣江魚、石首、鱔魚、時魚、鯣魚、鰻魚、鱘魚、鯽魚、白鱝魚、白蟹、河蟹、河蝦、田雞等物，及生熟豬羊肉、雞、鵝、鴨，及下飯海臘、鰲膘、鴨子、炙鰍、糟藏大魚鮓、乾菜、乾蘿蔔、菜蔬、蔥薑等物；

又有早間賣煎二陳湯，飯了提瓶點茶，飯前有賣餀子、小蒸糕，日午賣糖粥、燒餅、炙焦饅頭、炊餅、辣菜餅、春餅、點心之屬。

四時有撲帶朵花，亦有賣成窠時花、插瓶把花、柏桂、羅漢葉；春撲帶朵桃花、四香、瑞香、木香等花，夏撲金燈花、茉莉、葵花、榴花、梔子花，秋則撲茉莉、蘭花、木樨、秋茶花，冬則撲木春花、梅花、瑞香、蘭花、水仙花、臘梅花，更有羅帛脫蠟像生四時小枝花朵，沿街市吟叫撲賣。及買賣品物最多，不能盡述。

及小兒戲耍家事兒，如戲劇糖果之類：打嬌惜、宜娘子鞦韆、稠糖葫蘆、火齋郎果子、吹糖麻婆子孩兒等、糕粉孩兒鳥獸、像生花朵、風糖餅、十般糖、花花糖、荔枝膏、縮砂糖、五色糖、線天戲耍孩兒，雞頭擔兒、罐兒、碟兒、鑞小酒器、鼓兒、板兒、鑼兒、刀兒、槍兒、旗兒、馬兒、鬧竿兒、花籃、龍船、黃胖兒、麻婆子、橋兒、棒槌兒，皮影戲線索、傀儡兒、獅子、貓兒；

又沿街叫賣小兒諸般食件：麻糖、錘子糖、鼓兒餳、鐵麻糖、芝麻糖、小麻糖、破麻酥、沙團、箕豆、法豆、山黃、褐青豆、鹽豆兒、豆兒黃糖、楊梅糖、荊芥糖、榧子、蒸梨兒、棗兒、米食羊兒、狗兒、蹄兒、繭兒、栗粽、豆團、糍糕、麻團、湯團、水團、湯丸、餶飿兒、炊餅、槌栗、炒槌山裡棗、山里果子、蓮肉、數珠、苦槌、荻蔗、甘蔗、茅洋、跳山婆、栗茅、蜜屈律等物，並於小街後巷叫賣。」

龍舟喵

夫復何求

你邀請我去划龍舟，
我低頭看了看：

懷裡有貓如粽軟，
黏人可甜也可鹹。

你們努力吧！
我在旁邊看著就好。

從前的生活

　　端午節賽龍舟是重要的民俗活動，民間傳說中，有許多故事都能成為賽龍舟的起源，比較有名的是祭奠屈原和曹娥。

皇宮中，每到端午節，會做好粉團、粽子放在金盤裡，再拿出用小角製作的小弓，看起來細緻玲瓏，甚是可愛。然後用箭來射放在金盤中的粉團，誰射中了誰吃。大概是因為粉團這種節令食品口感黏滑，不太好吃，大家為了應景，乾脆想出這一種邊吃邊玩的方法，這種用小弓箭射粉團的遊戲在臨安非常流行。

南宋臨安的市井風俗向來都是奢華的，幾乎天天都有值得遊玩的由頭。臨安城西是西湖，波光瀲灩讓人喜歡，東邊就是錢塘江，端午節前後的江潮非常值得一看，無論是西湖還是錢塘江，都是絕美的景致。

每年農曆八月，錢塘江大潮尤其洶湧。臨安城從十一日開始，就有人去觀潮。到了十六、十八日時，全城百姓更是傾城而出，人頭攢動，車馬紛紛。觀潮人群在十八日最多，到了二十日，人就少了一些。十八日遊人眾多還有一個原因——當天正是將軍來到郊外，點兵、練水軍的日子。選擇大潮未來時，水兵下水列陣，將戰旗掛起，然後互相衝突演練。為了軍中各方統一行動，有吹號敲鼓的，有在前面引導的，有後面壓陣的將軍。各種戰船分列排開，船上掛滿戰旗。只看戰船甲板和桅杆上刀兵相接，箭矢亂飛，甚至放大炮互相轟擊，打得你來我往。直到一方敗退，勝方追擊，最後放出火箭，將敵方戰船燒毀後，勝方敲鑼打鼓地慶賀，然後論功行賞。

同時觀看大潮和水軍陣列的機會十分難得，所以那天從廟子頭直至六和塔，所有臨江的房屋樓閣，但凡適合觀景看潮的，早都被權貴和有錢人租了下來，當作觀潮的看臺了。

據說南宋時，杭州有一群不怕死的遊手好閒之人，趁著大潮之際，手裡舉著大彩旗，或者小清涼傘、紅綠小傘之類，還拿著繫滿彩色綢緞的竹竿。等到大浪打來，近一百個一起上，拿著旗子竹竿、迎著大潮衝浪，效仿當年水神伍子胥弄潮的模樣。更有藝高人膽大的，手腳一共能控制五面小旗，在大浪頂端做出各種動作。但在錢塘江大潮時衝浪太危險，總有人因此淹死。考慮到不是打仗饑荒的年月，總有人淹死也不是好事，於是郡守下令禁止在大潮期間衝浪，違反的人要受罰。可即便下令禁止，仍然無法阻擋人們在大潮時衝浪。

典籍韞櫝

〔五代〕王仁裕《開元天寶遺事》
射團
宮中每到端午節，造粉團、角黍，貯於金盤中。以小角造弓子，纖妙可愛。架箭射盤中粉團，中者得食。蓋粉團滑膩而難食也。都中盛於此戲。

〔宋〕吳自牧《夢粱錄》
臨安風俗，四時奢侈，賞玩殆無虛日。西有湖光可愛，東有江潮堪觀，皆絕景也。每歲八月內，潮怒勝於常時，都人自十一日起，便有觀者，至十六、十八日傾城而出，車馬紛紛，十八日最為繁盛，二十日則稍稀矣。十八日蓋因帥座出郊，教習節制水軍，自廟子頭直至六和塔，家家樓屋，盡為貴戚內侍等雇賃作看位觀潮。
……其杭人有一等無賴不惜性命之徒，以大彩旗，或小清涼傘、紅綠小傘兒，各繫繡色緞子滿竿，伺潮出海門，百十為群，執旗泅水上，以迓子胥弄潮之戲，或有手腳執五小旗浮潮頭而戲弄。向於治平年間，郡守蔡端明內翰見其往往有沉沒者，作〈戒約弄潮文〉……自後官府禁止，然亦不能遏也。
……且帥府節制水軍，教閱水陣，統制部押於潮未來時，下水打陣展旗，百端呈拽，又於水中動鼓吹，前面導引，後抬將官於水面，舟楫分布左右，旗幟滿船，上竿舞槍飛箭，分列交戰，試爆放煙，捷追敵舟，火箭群下，燒毀功成，鳴鑼放教，賜犒等差。

清爽喵

貓是液體

聽說，
貓是液體。

不知道是像哪一種液體呢？

是像冰盤上融水那樣高冷嗎？
是像蓮池裡湖水那樣溫熱嗎？
是像瓷碗中糖水那樣沉靜嗎？
還是像……
屋簷下淋水那樣跳脫呢？

如果你是眼前這場雨，
那我只是
用手指尖，很短暫地
蘸了一下你。

古今四季都有喵

從前的生活

古人沒有空調，夏天的酷熱成為讓古人頗為費心的事情。為了應對酷暑，早在兩周時期，人們就開始開鑿冰窖，將冬天的河冰切成大塊存在冰窖裡，夏天再拿出來用於解暑和保存食物。

唐朝天寶年間，有一個叫王鉷的御史大夫應對酷暑很有辦法。他家的一個宅院內有個叫自雨亭的建築，引水到房簷上，然後順著房簷飛流而下，形成一個小瀑布。夏天時，這裡因為流水隔絕熱浪，亭內涼爽得好似秋天。

據記載，楊貴妃一族的子弟，每到夏季的三伏天，就從冰窖中取出大塊的冰塊，讓工匠把冰塊雕琢成山的形狀，在宴會席間圍一圈這樣的大冰山。儘管在座的賓客已經喝到快醉的程度，卻沒有酒酣耳熱的現象，反而各個凍得臉色煞白。更有些人在席間因為覺得太冷，乾脆披上了錦緞棉襖取暖，楊貴妃一族當時就能奢侈到這個程度。

唐朝時長安城冰窖有一些儲備冰塊，到了夏天時，這些冰幾乎與黃金白玉等價，非常金貴。據說白居易因為寫詩而名聲大振，連普通老百姓都知道，所以但凡他要用冰雪降暑，就直接論筐抬走，不用給錢，每天都這樣。

古時有一本記錄奇聞異事的集子《雲仙雜記》，相傳有個叫秬昌的人，有一個奇異的盆子，名叫「採星盆」，夏天用它來冰鎮鮮果，製冷效果加倍，非常神奇。還有個叫霍仙鳴的人在龍門建了一座別墅，將山上雪水透過坎兒井的方式引過來，在屋裡打了七個坎兒井，井口用透雕的木格蓋上。夏天時在屋裡坐著，從七個井口彌散出雪山上水的涼意，讓人一點都感覺不到炎熱。

除了這些野史奇聞，古人為了抗暑，居然發明出電風扇的「雛形」──風輪。它的樣子很像一臺紡車，只不過比紡車高一倍。中間有一個轉軸，轉輪四面插上五、六片木板扇葉。然後讓人用中間的手柄搖動風輪車，立刻滿屋涼風，熱氣消散，風力大到不能對著人直吹。《三才圖會》有個與這個類似的兵器構件繪圖，戰鬥時，尤其是發現敵方挖的地道時，就用這個東西把生石灰粉吹進地道裡。

典籍韞櫝 ────────────────────

〔唐〕封演《封氏聞見記》
則天以後，王侯妃主京城第宅日加崇麗。至天寶中，御史大夫王鉷有罪賜死，縣官簿錄太平坊宅，數日不能遍。宅內有自雨亭，從簷上飛流四注，當夏處之，凜若高秋。又有寶鈿井欄，不知其價，他物稱是。

〔五代〕王仁裕《開元天寶遺事》
冰山避暑
楊氏子弟，每至伏中，取大冰，使匠琢為山，周圍於宴席間，座客雖酒酣而各有寒色。亦有挾纊者，其驕貴如此也。

〔唐〕馮贄《雲仙雜記》
冰雪至夏價等金璧
長安冰雪至夏月，則價等金璧。白少傅詩名動於閭閻，每需冰雪，論筐取之，不復償價，日日如是。
採星盆
嵇昌蓄採星盆，夏月漬果，則倍冷。
七井生涼
霍仙鳴別墅在龍門，一室之中開七井，皆以雕鏤木盤覆之。夏月，坐其上，七井生涼，不知暑氣。

〔明〕曹庭棟《養生隨筆》
暑天室有熱氣，非風不驅。辦風輪如紡車式，高倍之，中有轉軸，四面插木板扇五、六片。令人舉柄搖動，滿室風生，頓除熱氣，特不可以身當之耳。《三才圖會》，謂軍器中，有用此置地窖內，扇揚石灰者。

古今四季都有喵

賞荷喵

不解風情

我說：

蓮葉清香田田曲，

蓮子嫩鮮蓮心綠。

蓮花淨直豔出塵，

蓮藕去皮連絲縷。

你說：

看！有魚！

從前的生活

　　蓮花在中國的文化中，是一種非常常見且鮮活的意象。它從根莖到花葉都有無數的故事和象徵意義。君子用蓮花比喻自身出淤泥而不染的高潔品德，佛教將蓮花描繪為菩薩的座臺，普通世人更是透過蓮藕中的輸導組織纏繞、捲曲成不易斷絕的形態，借喻情事況味、無法驟然斷絕的狀態。

　　唐玄宗執政的某年農曆八月，宮中太液池中種植的千葉白蓮花，有不少盛開了。皇帝和當時的權貴在池邊宴飲賞花，大家都對盛開的白蓮花讚不絕口。看了很久，唐玄宗突然指著楊貴妃，對左右的賓客說：「這白蓮開得真美，簡直快要比上我的這朵解語花了。」

　　明代戲曲作家高濂在《四時幽賞錄》表示，清晨露水沾染在蓮蓬上還未消散時，是蓮子最美味的時刻。要是等太陽出來，露水被太陽曬乾，鮮美的味道就少了大半。有天夜裡，他在岳王祠旁借宿，發現那裡的湖蓮非常多，於是早晨起來掰開了上百個蓮蓬，飽飽地吃了一頓蓮子，這才終於品夠了蓮子的鮮美。高濂不僅愛吃蓮子，對藕也讚譽有加：藕是剛出水的好，藕皮顏色白中帶點青綠的味道最鮮美。拿著一段白藕，就好像懷抱了一捧清澈的西湖水，清爽暢快，簡直沒吃過比這個更甘甜鮮美的東西了。更何況藕本身潔淨，不沾染汙穢，正符合君子淡泊名利的心境，簡直想要天天吃。

〔五代〕王仁裕《開元天寶遺事》

解語花

明皇秋八月，太液池有千葉白蓮，數枝盛開。帝與貴戚宴賞焉，左右皆嘆羨。久之，帝指貴妃，示於左右曰：「爭如我解語花。」

〔明〕高濂《遵生八箋·四時幽賞錄》

蓮實之味，美在清晨，水氣夜浮，斯時正足。若日出露晞，鮮美已去過半。當夜宿岳王祠側，湖蓮最多，曉剖百房，飽啖，足味。藕以出水為佳，色綠為美，旋抱西子一灣，起我中山久渴，快賞旨哉！口之於味何甘哉？況蓮得中通外直，藕潔穢不可汙，此正幽人素心，能不日茹佳味？

飛奔喵

出動了！

胯下神駒眼睛閃亮，
輕輕倒退幾步，
緩緩走出了廄倉，
神駒體內傳來空氣的輕響，
我知道它蘊含著怎樣的力量，
地面的微塵被驚擾鼓蕩，
隨即被碾壓進身下看不出模樣。

我振作精神：
「抵抗也是白白送死，
你們這群垃圾！」

你大吼：
「從掃地機器人上下來！」

從前的生活

　　唐代時，打馬球這種激烈的體育運動逐漸興起，成為達官貴人們爭相參與的比賽項目。這項運動比較危險，因此需要將比賽的馬尾、馬鬃捆縛緊實，騎手的衣襟袖口、頭髮冠帽也都要束成便於行動的樣式，才能盡可能減少在高速爭搶中發生剮蹭墜馬的事故。

　　打馬球本來是軍營中的遊戲，激烈異常。唐敬宗寶曆二年，皇上視察三殿，看兩軍、教坊、內院的情況。當時人們分組進行騎驢打球和摔跤比賽，十分熱鬧激烈，甚至出現腦袋被打破、胳膊被折斷等情況，最後鬧到了一、二更天才漸漸散去。

　　後來宋太宗下令讓相關負責人為馬球制定詳細的比賽規則，我們可以從《宋史》記錄的一次馬球比賽窺見一二。農曆三月時，在大明殿前舉辦馬球大賽。相關負責部門平整土地，在東、西兩側立起木質球門，大約一丈多高，球門上方刻著金龍，球門下方的門柱插在石製的蓮花座上，整個球門上還纏繞著彩帶。打球的人分成兩隊，指定兩個人守門。衛士兩人，手裡拿著小紅旗，負責監管，看哪方進球。御龍官身穿刺繡錦緞的衣服，手裡拿著哥舒棒，圍著球場站成一周，拱衛球場。大明殿的臺階下，東、西兩邊豎起日月旗。教坊這邊出龜茲風格的鼓樂手，站在兩邊的回廊裡奏樂，一邊各五面鼓，此外還在東、西兩側的球門旗子下各設置五面鼓。根據所分隊伍的不同，要穿不同顏色樣式的衣服。親王、近臣、節度觀察防禦團練使、刺史、駙馬都尉、諸使司副使、供奉官、殿直等人的衣服都要提前量體裁衣準備好。對戰雙方的裁判，以及皇帝宗親、節度使以下的人，都要穿不同顏色的刺繡衣衫。左隊穿黃罩衫，右隊

穿紫罩衫。馬球的供奉官左隊穿紫色刺繡罩衫，右隊穿淺紅色刺繡罩衫。兩邊都穿黑皮靴，帽子上要別上鮮花。皇家馬廄裝好馬鞍等用具，皇帝乘馬出場，這時候教坊鼓樂手合奏〈涼州曲〉。司儀在前面引路，臣下在旁邊迎接。到了大明殿，群臣拜謝，然後等皇帝下達口諭後，比賽雙方隊員上馬。比賽用的馬，馬尾都要仔細束緊紮好，按照自己不同的隊伍，從兩邊各自上場，靠西邊列隊站立。皇帝乘馬面對球場，在西南方停留。內侍打開金盒，從裡面拿出用朱漆塗畫過的馬球，拋在大明殿前。通事舍人這時候啟奏：「皇帝隊打東門。」皇帝揮杆擊球，教坊鼓樂手立刻開始奏樂敲鼓。球進了東門，這時候揮旗、敲響鉦，停下鼓聲。皇帝撥轉馬頭，侍奉的臣下捧著酒杯和貢品上來祝酒，說些吉祥話。皇帝給在場的眾人賜酒，眾人叩謝。等大家都喝完酒後，雙方球員全都上馬預備。皇帝再次擊球，雙方球員這時候才開始縱馬進入比賽。

典籍醞釀

〔元〕脫脫、阿魯圖《宋史・禮志》
打球，本軍中戲。太宗令有司詳定其儀。三月，會鞠大明殿。有司除地，豎木東西為球門，高丈餘，首刻金龍，下施石蓮花坐，加以采繢。左右分朋主之，以承旨二人守門，衛士二人持小紅旗唱籌，御龍官錦繡衣持哥舒棒，周衛球場。殿階下，東西建日月旗。教坊設龜茲部鼓樂於兩廊，鼓各五。又於東西球門旗下各設鼓五。閣門豫定分朋狀取裁。親王、近臣、節度觀察防禦團練使、刺史、駙馬都尉、諸使司副使、供奉官、殿直悉預。其兩司官，宗室、節度以下服異色繡衣，左朋黃襴；右朋紫襴。打球供奉官左朋服紫繡，右朋服緋繡，烏皮靴，冠以華插腳折上巾。天廄院供馴習馬並鞍勒。帝乘馬出，教坊大合〈涼州曲〉，諸司使以下前導，從臣奉迎。既御殿，群臣謝，宣召以次上馬，馬皆結尾，分朋自兩廂入，序立於西廂。帝乘馬當庭西南駐。內侍發金合，出朱漆球擲殿前。通事舍人奏云：御朋打東門。帝擊球，教坊作樂奏鼓。球既度，颭旗、鳴鉦、止鼓。帝回馬，從臣奉觴上壽，貢物以賀。賜酒，即列拜，飲畢上馬。帝再擊之，始命諸王大臣馳馬爭擊。

〔五代〕趙瑩《舊唐書》
甲子，上御三殿，觀兩軍、教坊、內園，分朋驢鞠、角抵。戲酣，有碎首折臂者，至一更二更方罷。

香香喵

喵味

你的爪子上有獨特的味道，
你的耳朵尖是另一種味道，
你毛茸茸的肚皮上，
藏著暖暖的味道。

我把臉埋在你身上，
你的毛就貼在了我的脖子上。

是不是你的毛也有嗅覺，
才會偷偷過來聞下我的味道。

從前的生活

　　香水自古有之，漢代時，中國的煉丹術經絲綢之路流傳到外國，中東地區的人們將煉丹技術加以改良，形成蒸餾技術。那裡

的人們用這種技術蒸餾玫瑰花露，再透過絲綢之路返銷中國。這種進口的玫瑰花露在唐代被稱為「薔薇露」，是當時極其名貴的香水。五代時，外藩藩王蒲訶散進貢了五十瓶薔薇露，之後就極少見到了。《香乘》說當時的人採集茉莉花，透過蒸餾取茉莉花水代替薔薇露使用。後周顯德五年，昆明國進貢了十五瓶薔薇水，說是從西域國家得來的。把這種薔薇水灑在衣服上，衣服都穿壞了，香氣也不會散去。薔薇露和薔薇水，估計是同一種東西吧！

還有一種韓鈐轄正德香，《香乘》裡的配方是：十兩上等沉香磨成粉、一兩梅花片腦、一兩番梔子、半兩龍涎香膏、半兩石芝、半兩鬱金顏香、半兩麝香。把以上材料用適量薔薇水調和均勻，再用石頭壓成香餅，並用細石在香餅上印花打篆，脫模後就可以拿去香爐焚燒。或把香料團成香珠，穿成一串佩戴在身上，也是古代流行的一種方式。

除了在衣服上隨時噴灑，古代生活還會用到臥褥香爐，傳說是房風發明的，但製作方法沒有流傳下來，後來人只能依靠流傳下來的實物摸索、創造。《西京雜記》記載了這種香爐的樣式和用法：香爐裡有機關互相勾連，就算是在床鋪上滾來滾去，香爐裡燃燒香料的地方也會一直保持水平，香灰不會撒出來。該特性讓這種香爐即便放在被褥上都沒問題，所以就得到了「臥褥香爐」這個名字。還有一種九層塔狀的博山爐，上面雕鏤著珍禽異獸和神仙精怪，透過機關控制，香爐上的雕刻能活動。

博山爐傳到了唐代，依然為世家大族所青睞。《開元天寶遺事》有一個叫王元寶的人，是長安城中的大富豪，他曾用金錠、銀錠當磚砌牆，外面再塗上

紅泥；還在家中建了一間「禮賢室」，用名貴的水沉檀木做門窗，用像玉一樣的寶石砌地面，用天生花紋的文玩石頭做墊木柱的柱礎石，又用銅錢穿上線砌在後花園小路的路面上。這樣排水效果好，而且即便有泥水，路面也不打滑。他的招待細緻貼心，讓人賓至如歸，所以他家又被叫做「王家富窟」。王元寶喜歡交朋友，日常用度極盡奢華，比王公貴族享有的待遇還高，天下的能人才子都聚集在此聽命於他。王元寶還曾在自己的臥室床前，用木頭雕了兩個小童的形象，小童手裡各捧一個鑲滿珠寶玉器的博山爐。香爐從天剛黑就開始焚燒各種名貴香料，一直持續到第二天早晨。

典籍韞櫝

〔漢〕劉歆《西京雜記》

又作臥褥香爐，一名「被中香爐」。本出房風，其法後絕，至緩始更為之。為機環，轉運四周，而爐體常平，可置之被褥，故以為名。又作九層博山香爐，鏤為奇禽怪獸，窮諸靈異，皆自然運動。

〔五代〕王仁裕《開元天寶遺事》

富窟

王元寶，都中巨豪也。常以金銀疊為屋壁，上以紅泥泥之。於宅中置一禮賢室，以沉檀為軒檻，以碔砆礐地面，以錦文石為柱礎，又以銅線穿錢礐於後園花徑中，貴其泥雨不滑也。四方賓客，所至如歸。故時人呼為「王家富窟」。元寶好賓客，務於華侈，器玩服用，僭於王公，而四方之士盡歸而仰焉。常於寢帳床前，雕矮童二人，捧七寶博山爐，自暝焚香徹曉，其驕貴如此。

〔明〕周嘉冑《香乘》

貢薔薇露

五代時，番將蒲訶散以薔薇露五十瓶效貢，厥後罕有至者。今則採茉莉花蒸取其液以代之。後周顯德五年，昆明國獻薔薇水十五瓶，雲得自西域。以之灑衣，衣敝而香不減，二者或即一事。

韓鈐轄正德香

上等沉香十兩末、梅花片腦一兩、番梔子一兩、龍涎半兩、石芝半兩、鬱金顏香半兩、麝香肉半兩。右用薔薇水和勻，令乾溼得中，上礎石，細礎脫花子，蒸之。或作數珠佩帶。

舞力喵

柔軟

人類啊！
你是我堅實的臂膀，
你是我安寧的港灣，
你是我高聳的城牆。
……咳，我直說了吧！
你身體太硬，沒有學跳舞的天分，
放棄吧！

從前的生活

　　漢代流行巴渝舞、女舞，晉代流行白紵舞、幡舞、扇舞，到了唐代則流行霓裳舞、柘枝舞，每種舞蹈曲調和舞姿各有千秋。其中最值得一提的莫過於白居易在〈胡旋女〉所寫、讓人如痴如醉的胡旋舞。

　　天寶年末，康國進獻了會跳胡旋舞的舞女。胡旋舞女跳起舞來，一舉一動應和著節拍。雙袖在鼓樂聲中上下翻飛，原地飛快旋轉，就像風吹細雪般輕飄飄地打著旋兒。而且一轉起來就不停歇，不知轉了多少圈，舞姿奔放迅疾。一曲下來，連天子都

被深深地震撼了。胡旋舞女從遙遠的康國來到中土後，中原掀起學胡旋舞的風潮，有的甚至比康國舞女跳得還好。后妃中楊貴妃跳得最好，而外臣中安祿山跳得最棒，人人沉醉於跳胡旋舞，對即將到來的大難毫無所知。

另一種從西域傳入中原的柘枝舞也名動一時，據《樂苑》記載，柘枝舞的名字源於樂曲柘枝曲或掘柘枝。過去人們說柘枝舞舞姿柔軟，「婆娑蔓延」。婆娑，說的是舞蹈動作多旋轉；蔓延，說的是舞美道具，飄帶隨旋轉的舞姿而動。兩個小女孩戴著綴有金屬鈴鐺的帽子，蹦跳舞蹈時叮噹作響。舞蹈開始前，先把用挺括布料做成的大花裙向上翻摺，舞者藏在其中，如同一個閉合的花苞。舞蹈開始後，上豎的衣裙翻摺下來，露出舞者本人，然後開始舞蹈，這種舞蹈又被稱為蓮花舞。蓮花柘枝舞優雅輕盈，舞姿飄搖如同豔麗的芍藥花被風吹動，清幽雅致，堪稱一絕。

跳舞有字舞、花舞等種類的區分。字舞是舞蹈者躺在地上，用身體拼出各種字樣，比如說「天下太平」這四個字。花舞是將綠色長衫罩在外面，舞者藏在衣裙做的「花苞」中，等舞蹈開始，放下衣裙，就好像花朵綻放。柘枝舞舞者做花心的舞蹈就是花舞，因為這種舞蹈有翻摺花裙的動作，所以過去有人說：「論起歌舞的輕靈優雅，沒有比得上柘枝舞的。」

古代舞蹈在唐代達到巔峰，舞女的裝扮極盡奢華。羅虯的〈比紅兒詩〉描繪一位舞女的出場：「金粟妝成扼臂環，舞腰輕薄瑞雲間。」一串三段的玉環以金合頁相連，合頁上綴有金珠，鑲嵌著寶石，非常華美。舞女紅兒的手腕上

戴著這樣貴氣的首飾，腰間垂著薄如雲煙的輕紗……相傳連楊貴妃身邊的伴舞女，都得到過如此奢侈的白玉首飾。

宋孝武帝時期，儘管都是胡人舞曲，卻有用舞蹈配合鐘磬樂曲演奏的，而且舞蹈者不局限於女性，男性也可以登臺獻舞。

典籍韞櫝 ————————————————————————————————————

〔唐〕白居易〈胡旋女〉
胡旋女，胡旋女。
心應弦，手應鼓。
弦鼓一聲雙袖舉，回雪飄搖轉蓬舞。
左旋右轉不知疲，千匝萬周無已時。
人間物類無可比，奔車輪緩旋風遲。
曲終再拜謝天子，天子為之微啟齒。
胡旋女，出康居，徒勞東來萬里餘。
中原自有胡旋者，鬥妙爭能爾不如。
天寶季年時欲變，臣妾人人學圜轉。
中有太真外祿山，二人最道能胡旋。
……

〔宋〕樂史〈柘枝譜〉
《樂苑》云：「羽調有柘枝曲，商調有掘柘枝。」此舞因曲為名。用二女童帽施金鈴，抃轉有聲，其來也。於二蓮花中藏之，花摺而後見，對舞相呈，名蓮花舞。昔人云：「歌舞輕徊，其解佩襂紳，不待低帷昵枕，莫如柘枝舞雲。」
……宋孝武帝大明中，以鞞拂雜舞合之鐘石，又不特女技也。
舞有大垂手、小垂手、字舞、花舞。字舞以身亞地布成字，如作「天下太平」字者是也。花舞者，著綠衣偃身合成花，即柘枝舞有花心者是也。
……昔人謂柘枝軟舞，婆娑蔓延。婆娑，舞態也。蔓延，舞綴也。
蓮花掘柘，雅舞也。蓮舞如秋藥被風，幽韻雅絕。

秋

睡起秋聲
無處喵

秋膘喵

一時大意

春天的黃蝴蝶招搖，
夏天的藍風鈴清響，
真惹我惆悵。

早晨的小麻雀婉轉，
晚上的鐳射筆漂亮，
真惹我惆悵。

欺負手紙，
臨幸紙箱，
和角落的灰塵談理想，
真惹我惆悵。

枉我一世英名，
沒承想，
短了思量。

光顧著玩，
竟然忘了吃胖。

從前的生活

　　立秋這一天有吃肉食進補的習俗，過去人們習慣用直觀的胖瘦做為健康的評判標準，瘦就是不健康。為了健康自然要「補」，補的辦法就是多吃，因此立秋時特別講究「以肉貼膘」。民間在立秋那天有吃西瓜的習俗，稱為「咬秋」。

古代農曆七月，按照慣例，在上月時，皇帝應當駕車到景靈宮主持帝王宗廟的祭祀之禮。但這時通常非常炎熱，皇帝會命令手下官員代辦，太史局早早就委任相關官員在皇宮內的大殿前種植梧桐樹。到了立秋當天，太史官在大殿上啟奏：「秋天來了。」這時，隨著太史官的話音，皇帝就能看到殿外的梧桐應聲落下一、兩片梧桐葉，這就是圖個「一葉知秋」的口彩，用來報知秋天的到來。

　　立秋當天，都城內外，一大早就有人開始滿街叫賣楸樹葉。女人、孩子爭相購買，把楸樹葉剪一剪，弄出一些小花樣，然後插在鬢角上，算是應景。

　　南宋時臨安城大街上的店鋪能夠二十四小時營業，什麼時候去、什麼時候都有人賣吃的。因為政府這時廢除了宵禁制度，大家做不同營生，想要吃個宵夜，就到這裡來。

　　主幹大街上的各種店鋪，很早就會起來做買賣。早市賣各種點心、小吃，如煎白腸、羊鵝事件、糕、粥、血髒羹、羊血、粉羹等。冬天賣五味肉粥、七寶素粥，夏天賣義粥、饊子、豆子粥。還有在澡堂門口賣湯麵的，以及在船上做買賣，專賣涼茶和通氣理胃等養生藥丸的。更有賣燒餅、蒸餅、糍糕、雪糕等點心。早市天還沒亮就開，有挑擔子賣的，有鋪席子坐地販賣的，往往到了快午飯的時候，集市才散。

　　和寧門紅杈子前主要賣各種精細少見的吃食，還順帶賣酒、賣醋，要是有時令鮮果下來，也能在這裡買到。這裡還是海鮮市場，魚蝦、海鮮都在這裡叫

賣。人多到幾乎走不動，叫賣聲此起彼伏，和當年汴梁的景象一樣，在這裡想買什麼都能買到。孝仁坊口有一家賣水晶紅白燒酒，酒液入口綿軟，曾被皇帝下旨進貢到宮中。六部衙門前有賣丁香餛飩，做得特別細緻，尤其好吃。

典籍輯擷

〔民國〕于樹滋《瓜洲續志》

立秋日食西瓜，謂之咬秋。

〔宋〕吳自牧《夢粱錄》

七月秋孟，例於上旬內車駕詣景靈宮行孟享之禮，以秋陽正炎，上命宰執分詣。立秋日，太史局委官吏於禁廷內，以梧桐樹植於殿下，俟交立秋時，太史官穿秉奏曰：「秋來。」其時梧葉應聲飛落一、二片，以寓報秋意。都城內外，侵晨滿街叫賣楸葉，婦人女子及兒童輩爭買之，剪如花樣，插於鬢邊，以應時序。

……

最是大街一、兩處麵食店及市西坊西食麵店，通宵買賣，交曉不絕。緣金吾不禁，公私營幹，夜食於此故也。御街鋪店，聞鐘而起，賣早市點心，如煎白腸、羊鵝事件、糕、粥、血臟羹、羊血、粉羹之類。冬天賣五味肉粥、七寶素粥，夏月賣義粥、饊子、豆子粥。又有浴堂門賣麵湯者，有浮鋪早賣湯藥二陳湯，及調氣降氣並丸劑安養元氣者。有賣燒餅、蒸餅、糍糕、雪糕等點心者。以趕早市，直至飯前方罷。及諸行鋪席，皆往都處，侵晨行販。和寧門紅杈子前買賣細色異品菜蔬，諸般下飯，及酒醋時新果子，進納海鮮品件等物，填塞街市，吟叫百端，如汴京氣象，殊可人意。孝仁坊口，水晶紅白燒酒，曾經宣喚，其味香軟，入口便消。六部前丁香餛飩，此味精細尤佳。早市供膳諸色物件甚多，不能盡舉。自內後門至觀橋下，大街小巷，在在有之，不論晴雨霜雪皆然也。

古今四季都有喵

乞巧喵

乞巧

偶然心血來潮，
大批食材買好。

現在，
魚在鍋裡跳，
雞翅已半焦，
應該怎麼辦，
轉頭去問貓。

貓：
全都生吃好不好？

從前的生活

農曆七月七日是中國的傳統節日——七夕節。這一天不但有「牛郎織女」的美麗傳說，更是一個祈福、乞巧的日子。過去的七夕節，民間有穿花衣、接露水、穿針鬥巧、觀星拜仙等活動，意在祈求上天賜福良緣，增廣巧智。

據《開元天寶遺事》記載，每到七夕的夜裡，皇帝和楊貴妃會在華清宮設宴遊玩。宮女們在庭中擺滿各種瓜果、菜餚，向牛郎織女星祈禱。還抓一些蜘蛛放在小盒子裡，經過一宿，天明打開盒子看有多少蛛網。蜘蛛織網細密，就認為是得到織女「心靈手巧」的賜福；蛛網愈密集，得到的巧愈多，反之就是沒得到什麼巧。

除此之外，皇宮裡還會用彩錦做成亭臺樓閣的樣子，有百尺高。「彩樓」非常結實，能承受幾十個人站在上面而不會倒塌，上面陳設果品、酒菜，用來祭祀牛郎織女星。宮中的嬪妃各自拿著九孔針、五色絲線，藉著月光穿針。如果絲線能順利穿過針鼻，意味著得到手巧的賜福。之後奏樂跳舞，吃喝宴飲到天亮，這種習俗也逐漸在民間流傳開來。

古代過七夕節要準備新鮮瓜果，還有用茜草煮的雞、漂浮在水碗裡應景的水鳥蠟片和各種泥娃娃。這種泥娃娃名叫摩睺羅，是中原過去古老習俗的遺存。有些做工極為精巧，鑲金戴玉，價值不菲。七夕前夕，修內司照著之前的規矩進獻給皇帝十桌摩睺羅。每桌上有三十個，最大的有三尺高。有的用象牙雕成，有的用龍涎香、佛手香熏製，不管材質用料如何，每個娃娃的穿戴都

繡著金玉翡翠的衣帽，還配有金銀珍珠的髮釵手環。娃娃手裡拿的小玩意兒，都是用珠寶等名貴物件做成。然後用五彩的金絲紗網罩住，賜給京城重臣和重要衙門的夫人，有些得到這種金貴娃娃的人家，甚至會回以金錠謝恩。當時有人看到宮裡人賣娃娃頭冠上的簪花或小衣服，都是這種七夕節時令娃娃的裝飾品。

典籍櫥檳 ————————————————————

〔五代〕王仁裕《開元天寶遺事》

蛛絲才巧

帝與貴妃，每至七月七日夜，在華清宮遊宴。時宮女輩陳瓜花酒饌，列於庭中，求恩於牽牛、織女星也。又各捉蜘蛛閉於小合中，至曉開視蛛網稀密，以為得巧之候。密者言巧多，稀者言巧少。民間亦效之。

乞巧樓

宮中以錦結成樓殿，高百尺，上可以勝數十人。陳以瓜果酒炙，設坐具，以祀牛、女二星。嬪妃各以九孔針、五色線，向月穿之，過者為得巧之候。動清商之曲，宴樂達旦，士民之家皆效之。

〔宋〕周密《乾淳歲時記》

七夕節，物多尚果食茜雞及泥孩兒，號摩睺羅。有極精巧飾以金珠者，其直不貲。並以蠟印鳧雁水禽之類，浮之水上，婦人女子夜對月穿針，餖飣杯盤，飲酒為樂，謂之乞巧。及以小蜘蛛貯合內，以候結網之疏密，為得巧之多少。小兒女多衣荷葉半臂，手持荷葉效顰。摩睺羅，大抵皆中原舊俗也。七夕前，修內司例進摩睺羅十卓，每卓三十枚，大者至高三尺，或用象牙雕鏤，或用龍涎佛手香製造，悉用鏤金珠翠衣帽、金錢釵鐲佩環、真珠頭須及手中所執戲具，皆七寶為之。各護以五色，鏤金紗廚制，閫貴臣及京府等處，至有鑄金為貢者。宮姬市娃冠花衣領，皆以乞巧時物為飾焉。

桂花喵

搖錢樹

樹上黃金，

零落如雨。

你總說：

有錢了天天給我買小魚乾吃。

現在，

可以買了吧？

從前的生活

　　桂花的香氣沉鬱芳香，飄揚遠逸，按花朵顏色有金桂、銀桂和丹桂之別。

　　唐代詩人段成式的《酉陽雜俎》，特別介紹月桂和牡桂這兩種桂樹：月桂的樹葉像桂花一樣，是淺黃色的。桂花分成四個小花瓣，中間的花蕊是淡綠色的。花開最盛時，看上去就像柿子蒂的紋路一樣。而牡桂的葉片很大，像苦竹葉子一樣，葉片中間的葉脈像墨筆的痕跡。花萼片是三瓣的，每瓣尖端還有兩個小分

秋 · 睡起秋聲無處喵

叉。花萼整體看起來是淺黃色的，只有靠近尖端的地方變成淺紅色。花有六瓣花瓣，花心突起像荔枝一樣，是紫色的，這種牡桂產於婺州山中。

秋天，特別是中秋，與桂花的香氣相互聯繫，有很多和桂花相關的食物和民俗。

古代飲食相關的名作《山家清供》自然少不了桂花的相關美味：採集桂花，去掉裡面的雜質、花萼等，用甘草水拌勻，加在米粉裡蒸成糕。科考之年，朋友做這種餅子相送，取名叫「廣寒糕」，是應了蟾宮折桂、金榜高中的典故，討個口彩。

用桂花做熏香是古人想出的妙法，採下桂花上火微蒸，然後晒乾做成香料，一邊吟詩喝酒，一邊將桂花放在香爐焚燒，桂花的清香之氣被激發出來，聞了讓人心境平和。童用曾以此情致賦詩，大意是：花瓶中花的清香之氣能撩撥詩興，古鼎中焚燒桂花香餅的滋味都滲進了酒裡，熏得酒也帶上了桂花香，可以說是一筆寫盡了桂花的閒趣。

用桂花製作的飲品更是多不勝數，桂花湯要揀選桂花開時的上好枝條，在開花密集的地方折斷枝條，帶著桂樹葉子一起在陰涼處晾乾，收起來儲藏好。到了次年盛夏的時節取出，連帶葉子一起放在滾水中，放溫後喝下去可以解暑。

或者沏好一壺茶，在茶湯中放上一點桂花，藉著茶湯熱氣一蒸，滿屋彌漫著桂花香。用花來點茶還可以用菊花，不過香氣比桂花稍微差一點，這兩種花伴著茶水最為相宜，可以說是花香清茶的極品。還有一種甘菊花更適合點茶，桂花和菊花花開時節有先後，多收集一些，就夠喝一年了。

桂花漿的製作略顯複雜，先取兩斗水，燒開到差不多剩下一斗多時，倒入一個瓷罐子中。等水變涼後，取官桂一兩磨成粉，用兩碗白蜜，一起放到罐子，攪拌二百多下。先用一層油紙封口，再在外面加上幾層棉紙。密封罐口五到七天後就可以喝了。或者可以用木塞子塞住罐口，密封好放在井水中浸泡三到五天，喝的時候冰涼可口。每次喝一、兩杯，祛暑解煩，還能祛除熱氣，讓人不生病。

典籍輯檔 ————————————————————————

〔唐〕段成式《酉陽雜俎》
月桂，葉如桂，花淺黃色，四瓣，青蕊。花盛發，如柿葉蒂棱，出蔣山。
牡桂，葉大如苦竹葉，葉中一脈如筆跡，花蒂葉三瓣，瓣端分為兩岐，其表色淺黃，近岐淺紅色，花六瓣，色白，心突起如荔枝，其色紫。出婺州山中。

〔宋〕林洪《山家清供》
廣寒糕
採桂英去青蒂，灑以甘草水，和米舂粉炊做糕，大比歲，士友咸做餅子相饋，取「廣寒高甲」之讖。又有採花略蒸，曝乾做香者，吟邊酒裡，以古鼎燃之，尤有清意。童用堀師禹詩云：「膽瓶清酌撩詩興，古鼎餘花暈酒香。」可謂此花之趣也。

〔明〕鄺璠《便民圖纂》
桂花湯
花開時擇枝，繁處帶花刪下連，葉陰乾收貯。來年伏中，將葉泡湯，溫服去暑。
桂花點茶
桂花點茶，香生一室。菊英次之，入茶為清供之最。有甘菊種更宜茶二花，相為先後可備四時之用。

〔明〕高濂《遵生八箋》
桂漿
官桂一兩為末，白蜜二碗，先將水二斗，煮作一斗多。入瓷罐中，候冷入桂、蜜二物攪二百餘遍。初用油紙一層，外加綿紙數層。密封罐口五、七日，其水可服。或以木楔罐口，密封置井中三、五日，冰涼可口。每服一、二杯，祛暑解煩，去熱生涼，百病不作。

登高喵

登高的目的

最近發現了一個人類的可取之處，
原來他們也喜歡高處。

　？

怎麼就走了？
好不容易爬上來，
不是要睡覺的嗎？

從前的生活

　　每年九月初九就是重陽節，古代人們認為「九」是陽數，兩個九當然就是「重」陽。自古以來，就有重陽節登高賞菊、佩戴茱萸、宴飲祝福等習俗，「遙知兄弟登高處，遍插茱萸少一人」說的就是重陽習俗。

王維在詩中感慨：我獨自一人在遙遠的異鄉當旅居之人，每到過節時就更加思念遠在山東的親人。遙想在老家的諸位兄弟，重陽節時應當像之前每年一樣一起相約登高吧？只可惜在分插茱萸時，同往年相比，少了一個遠在異地的我，真是太寂寞、太可惜了。

　　與王維的離愁別緒不同，唐代醫藥學家孫思邈倒是興致昂揚，表示重陽節那天，必定要帶著酒水吃食登高遠眺。而且要舉辦秋遊宴飲，用以舒暢心懷。那天喝的酒，裡面一定要放茱萸和甘菊的花，醉飽之後，就可以搖搖晃晃、美美地回家了。

　　相傳在重陽節這一天，孟嘉爬上龍山，被風吹落帽子而不自知，陶淵明在東籬下賞菊花，都是重陽節的典故。古代人們把菊花、茱萸放在酒中一起飲用。之所以這樣，大概是因為茱萸被稱為「辟邪翁」，菊花被叫做「延壽客」。所以喝這兩種東西泡的酒，藉著它們的功效，古人認為應該能抵消陽氣過盛所導致折損的災厄。

　　重陽節當天，皇上一定會登上慈恩寺的佛塔，下人敬獻菊花酒，並且說些長壽的吉祥話，祝福天子福壽綿長。

　　這一天很多地方都賣用甜麵餅做的蒸糕，放一些豬、羊、雞、鴨的肉絲在上面，最後還要插上小彩旗，取名為「重陽糕」。皇宮裡和達官貴人家都互相贈送這種糕點來應節氣，祝賀長壽。

此外還有用蜂蜜熬製的五種米粉做成的獅子頭，上面插小彩旗，是用熟栗子搗成細末，再加上麝香、蜜糖一起和勻做成的。可以捏成糕餅或小條的形狀，也可以滾上五種顏色的米粉，弄成小球。還會放一些果乾、糖霜之類的東西做裝飾，叫做「獅蠻栗糕」，用在酒宴上佐酒，應節應景。

各大寺院還要動員僧侶廣為招待市民，東都有開寶、仁王兩個寺院，當天會舉辦獅子會。屆時得道高僧會駕馭獅子，寺院的和尚會坐在獅子上做佛事。

典籍韞檀 ————

〔唐〕王維〈九月九日憶山東兄弟〉
獨在異鄉為異客，每逢佳節倍思親。
遙知兄弟登高處，遍插茱萸少一人。

〔唐〕孫思邈〈齊人月令〉
重陽之日，必以糕酒登高眺遠，為時宴之遊賞，以暢秋志。酒必採茱萸甘菊以泛之，既醉而還。

〔宋〕歐陽修、宋祁《新唐書·李適傳》
凡天子饗會游豫，唯宰相及學士得從。春幸梨園，並渭水祓除，則賜細柳圈辟癘；夏宴蒲萄園，賜朱櫻；秋登慈恩浮圖，獻菊花酒稱壽；冬幸新豐，歷白鹿觀，上驪山，賜浴湯池，給香粉蘭澤，從行給翔麟馬，品官黃衣各一。

〔宋〕吳自牧《夢粱錄》
日月梭飛，轉盼重九。蓋九為陽數，其日與月並應，故號曰「重陽」。是日孟嘉登龍山落帽，淵明向東籬賞菊，正是故事。今世人以菊花、茱萸為然，浮於酒飲之，蓋茱萸名「辟邪翁」，菊花為「延壽客」，故假此兩物服之，以消陽九之厄……兼之此日都人店肆，以糖麵蒸糕，上以豬羊肉鴨子為絲簇釘，插小彩旗，名曰「重陽糕」。禁中各分及貴家為饋送。蜜煎局以五色米粉塑成獅蠻，以小彩旗簇之，下以熟栗子肉杵為細末，入麝香、糖、蜜和之，捏為餅糕小段，或如五色彈兒，皆入韻果糖霜，名之「獅蠻栗糕」，供襯進酒，以應節序。其日諸寺院設供眾僧。頃東都有開寶、仁王寺院設獅子會，諸佛菩薩皆馭獅子，則諸僧亦皆坐獅子上做佛事，杭都卻無此會也。

採菊喵

隱士

聽說了不起的人物，
總有一些相似的志趣：
喜歡獨來獨往，
不愛與人打交道。

我也是。

喜歡聽鳥鳴山澗，
也喜歡刨土弄草苗。
我也是。

心中了無掛礙，
隨處皆可弛然睡著。
我也是。

性情嫻雅高傲，
喜歡菊花……我也是我也是！
天天舔呢！

秋·睡起秋聲無處喵

從前的生活

陶淵明，又名潛，字元亮，東晉末年的偉大詩人、辭賦家。一生多次為官，最終棄官而去，歸隱田園，他開創了田園詩派。「採菊東籬下，悠然見南山」是陶淵明寫關於菊花的千古名句，也是他歸隱田園後隱逸生活的寫照。

南朝宋文學家顏延之和陶淵明相識，早先當劉柳的後軍功曹時，在尋陽和陶淵明見面，兩人交好。後來顏延之經過始安郡時，每天都去拜訪陶淵明，每次必定痛飲一番，直到酩酊大醉才甘休。顏延之臨走時，留下二萬錢給陶淵明，陶淵明一分錢也沒留下，直接把這筆鉅款統統送到附近賣酒的掌櫃那裡。之後陶淵明經常去那裡取酒喝，去的時候不用再帶錢，非常瀟灑。但有一年的九月九日重陽節，剛好店家沒有新釀好的酒，之前釀的酒也賣光了。陶淵明去了沒有打到酒，沒有酒喝的他，回到家也不進家門，就坐在自己家旁邊種滿菊花的田地裡。在菊花叢中，一坐就是好久。結果正好趕上當天江州刺史王弘過來送酒給他，陶淵明看到有酒，乾脆直接在菊花叢中喝了起來，喝醉後才搖搖晃晃地進屋，陶淵明對菊花的喜愛可見一斑。

古代皇宮裡和官宦人家都要在重陽節這天賞菊，普通市民會從市場買一、兩盆菊花欣賞、把玩。《夢粱錄》特意記錄當時一些味道清香、花期長的優良品種，足見宋朝時菊花的種植品種已經很多：花瓣是黃白色，花蕊像蓮蕊一樣細嫩而長的品種叫「萬齡菊」；有粉紅色花瓣的菊花叫「桃花菊」；花瓣白色，花心是紅色的叫「木香菊」；連花蕊到花瓣一體純白，花型非常大的菊

花叫「喜容菊」；黃色且花型渾圓的菊花叫「金鈴菊」；有白色的花瓣和大大的黃色花心的菊花叫「金盞銀臺菊」。七、八十種菊花中，這幾種最為惹人喜愛。

典籍輯擷 ────────────────────────────

〔晉〕陶淵明〈飲酒‧其五〉
結廬在人境，而無車馬喧。
問君何能爾？心遠地自偏。
採菊東籬下，悠然見南山。
山氣日夕佳，飛鳥相與還。
此中有真意，欲辨已忘言。

〔南北朝〕沈約《宋書‧陶潛傳》
先是，顏延之為劉柳後軍功曹，在尋陽與潛情款，後為始安郡經過，日日造潛，每往必酣飲致醉。臨去，留二萬錢與潛。潛悉送酒家，稍就取酒。嘗九月九日無酒，出宅邊菊叢中坐久，值弘送酒至，即便就酌，醉而後歸。

〔宋〕吳自牧《夢粱錄》
年例，禁中與貴家皆此日賞菊，士庶之家，亦市一、二株玩賞。其菊有七、八十種，且香而耐久，擇其尤者言之，白黃色蕊若蓮房者，名曰「萬齡菊」；粉紅色者名曰「桃花菊」；白而檀心者名曰「木香菊」；純白且大者名曰「喜容菊」；黃色而圓名曰「金鈴菊」；白而大心黃者名曰「金盞銀臺菊」：數本最為可愛。

豐收喵

貓不吃五穀

蝦
雞胸
碎豬肝
牛肉鹿肉
蟹肉鮭魚
鮪魚鯖魚鮎魚
這才能叫豐收吧！

從前的生活

人類進入農耕文明後，人們很早就開始建立穀倉收藏糧食。距今五千年前的良渚文化遺址中，可以在穀倉看到厚厚一層碳化稻穀的痕跡。

說到豐收，自然會聯想到秋季，秋天是豐收的季節。當天氣變冷，水霧凝結成白霜時，就是秋收且將糧食收藏起來的時刻了。西方屬秋，秋就是蕭條，世間萬物在這個時候沒有不收斂肅穆的。

中國重要農學著作《齊民要術》對秋季八月和九月，有注意事項的具體描述：「農曆八月，暑氣漸消，風中帶著一絲絲涼意，注意不要受寒。這時要趕著繅絲織帛，漂染絲綿。將絲線凝成粗股，收拾棉花棉絮，添置新衣服，舊衣服要洗乾淨拿出來用。這些都是防寒過冬時要用的物品，要趁天氣還不算太冷時趕緊準備出來。趁著草鞋不算貴時，趕緊預先買好，預備著冬天換穿，還要趕緊收割蘆葦和牛馬草料。趁著涼爽乾燥，正好是替弓弩上弦的時候。修理好弓箭，整備好調試弓弩的工具，修補好鎧甲，然後開始趁秋天練習射箭。把豐收的麥子賣掉換錢，還要買入小米。

農曆八月應該栽培的東西有：大蒜、罌粟、蠶豆、苦蕒、苧麻、蔓菁、各種蔬菜、大蔥、大麥、牡丹、芍藥、分韭根、芥子、麗春、小麥、菱、甕芋根、木瓜、花椒。

這個時候該收穫，或者製備儲藏的東西有：醋薑、茄醬、茄乾、糟茄、棗

子、醃韭、晚黃瓜、地黃酒、芝麻、栗子、柿子、韭花、柿漆、斫竹。

如果要進行移植栽培，這個時候可以移植的花果樹木有：早梅、橙橘、枇杷、牡丹。

其他的雜事還有：整理竹園、花圃，農曆八月，一定要注意預防樹上棗子的霜凍災害。棗子快熟成時，一旦掛霜霧就容易凍壞。可以將苘麻打散，包裹樹枝，避免霜凍。如果沒有苘麻，秸稈也一樣能用。

農曆九月，要開始平整晒穀場，修補糧倉，清理地窖。維修各種兵器，參與各種軍事演習，用來防備冬天時有些賊寇明火執仗地搶掠財物。仔細詢問鄉里族人中那些孤寡老人和傷殘病患，一旦發現有不能靠自己的力量度過冬天的，一定要大家一起出資幫助，讓他們能安穩過冬。

農曆九月應該栽培的東西有：椒、菊、茱萸、地黃、蠶豆、牡丹、水仙（最好在月初開始種）、柿、蒜、萱草、芥菜、蕎麥、芍藥，各種快長又耐寒的冬季作物。櫻桃、桃和楊樹也可以在這個時候進行分蘗，然後栽種。

如果要進行移植栽培，這時可以移植的花果樹木有：枇杷、橙、雜果木。

這個時候該收穫，或者製備儲藏的東西有：栗、各種豆稈、五穀種、油麻、甘蔗、梔子、紫蘇、木瓜、韭子、牛蒡子、冬瓜子、菉豆、茄種、粟子、枸杞、榧子、皂角、黃菊、槐子、蟹殼、茶子、紫草子。

其他的雜事還有：薑可以挖出來收穫了。用草包裹石榴、橘子、栗子、葡萄。採摘菊花。建築高牆和園圃，砍伐竹子木材備用。收苧麻，收雞種。」

〔明〕徐光啟《農政全書》

《齊民要術》曰：八月：暑退，涼風戒寒，趣練縑帛，染糸采色。擘絲治絮，制新浣故。及韋履賤好，預買以備冬寒。刈葦葦葰茭。涼燥，可上弓弩。繕理鎌鋤，正縛鎧弦，遂以習射。弛竹木弓弧。糶種麥，糴黍。

栽種：大蒜、罌粟、蠶豆、苦蕒、苧麻、蔓菁、諸般菜、蔥子、大麥、牡丹、芍藥、分韭根、芥子、麗春、小麥、菱、壅芋根、木瓜、花椒。

收藏：醋薑、茄醬、茄乾、糟茄、棗子、淹韭、晚黃瓜、地黃酒、芝蔴、栗子、柿子、韭花、柿漆、斫竹。

移植：早梅、橙橘、枇杷、牡丹。

雜事：踏面、鋤竹園地。是月，防霧傷棗，棗熟著霧則多損。苘蔴散拴於樹枝上，則可辟霧氣。或用秸稈，於樹上四散拴縛亦得。

《齊民要術》曰：九月：治場圃，塗囷倉，修竇窖。繕五兵，習戰射，以備寒凍窮厄之寇。存問九族孤寡老病，不能自存者，分厚徹重，以救其寒。

栽種：椒、菊、茱萸、地黃、蠶豆、牡丹、水仙（宜月初）、柿、蒜、萱草、芥菜、莜麥、芍藥，諸般冬菜。

分栽：櫻桃、桃、楊。

移植：枇杷、橙、雜果木。

收藏：栗、諸色豆稈、五穀種、油蔴、甘蔗、梔子、紫蘇、木瓜、韭子、牛蒡子、冬瓜子、菉豆、茄種、粟子、枸杞、榧子、皂角、黃菊、槐子、蟹殼、茶子、紫草子。

雜事：掘薑出土。草包石榴、橘、栗、葡萄。採菊。築牆圃。斫竹木。斫苧。收雞種。

河燈喵

貓討厭水

你捏香燭、放花蕊，再將荷燈放入水。
「別傻了，送不到的！」
我偷偷在旁邊撇嘴。

十年前，
你在樹叢裡把我抱回。
沒有錢，
你喝粥也要給我小魚碎。
我看著你祈福的側影，
似乎又在落淚。

黃泉的船沒坐，
橋頭的湯沒喝，
不是刻意要記得，
只是……
船在晃！

我又再次抓緊船的篷圍，
緊張地看看四周，
唉——
貓討厭水。

從前的生活

　　放河燈是從春秋時代開始出現的傳統民俗，人們在水中放置燈燭，為逝者招魂。今天，各地月初和月圓之夜，都有放河燈悼念親人、為活人祈福的活動。其中中秋節、中元節等節日，放河燈的規模更加盛大。

中元節俗稱鬼節，也叫盂蘭盆節。古代那一天所有的大小僧尼寺院都設齋飯，開門招待遊人，解除僧侶不能隨意流動的禁制。這一天是佛門講究的「法歲周圓之日」，解除禁制後，大小僧尼可以休假或外出雲遊，要當行腳僧還是回到原先的寺院，都沒有限制。市場在中元節前後，有賣壽衣的，也有賣轉明菜花、花油餅、酸餡、沙餡、乳糕、豐糕的。還有一種小麵點是用來祭祀祖先，暗藏告訴祖先今年收成不錯的含義。還有賣雞冠花的，雞冠花又叫「洗手花」，也是用來掃墓上墳的祭祀用花。農曆七月正是瓜果梨桃豐收的時候，雞頭米有不少品種都成熟了，其中銀色種皮的水嫩雞頭米是最好吃的。這種上等的雞頭米，往往被達官貴人購買，用金盒裝著送到皇宮中。普通老百姓想買，也不能隨便對待，要用乾淨鮮嫩的小荷葉盛裝，還要在雞頭米裡撒點麝香，最後用小紅繩仔細包裹好。

總之在中元節這一天，有些人在家進行祭祀，有些人上墳掃墓。皇宮會派出車馬，去祭拜先祖墳陵和各個王侯、妃嬪的墓地。然後皇帝賞賜錢財，差遣內侍到龍山的河裡放上萬盞河燈。各個州府衙門的負責人到浙江稅務廳擺酒，祭祀江河湖海裡的鬼神。

都城中各個寺廟都開盂蘭盆法會，到了夜裡還要依序在水裡放可以漂浮的小燈，這項活動叫「放河燈」。中元節要上墳掃墓，和清明時差不多。《帝京景物略》記錄了以下兩件趣事：有人帶著一個小布袋去掃墓，完畢後就在墳墓旁捉蟋蟀，裝滿一袋後把袋子繫在長竿的一頭，挑著回家。而有些喝多的人甚

至會下河戲水，假裝自己是浮水的大雁或從水裡探頭的魚龜。有的人身上還綁著煙火，一時間水花火花四濺，岸邊的花瓣樹葉都被烤焦了。

典籍韞櫝 ——————————————————————————

〔宋〕吳自牧《夢粱錄》

七月十五日，一應大小僧尼寺院設齋解制，謂之「法歲周圓之日」。自解制後，禪教僧尼，從便給假起單，或行腳，或歸受業，皆所不拘。其日又值中元地官赦罪之辰，諸宮觀設普度醮，與士庶祭拔。宗親貴家有力者，於家設醮飯僧薦悼，或拔孤魂。僧寺亦於此日建盂蘭盆會，率施主錢米，與之薦亡家。市賣冥衣，亦有賣轉明菜花、花油餅、酸餡、沙餡、乳糕、豐糕之類。賣麻谷窠兒者，以此祭祖宗，寓預報秋成之意。雞冠花供養祖宗者，謂之「洗手花」。此日都城之人，有就家享祀者，或往墳所拜掃者。禁中車馬出攢宮，以盡朝陵之禮。及往諸王妃嬪等墳行祭享之誠。後殿賜錢，差內侍往龍山放江燈萬盞。州府委佐官就浙江稅務廳設斛，以享江海鬼神。是月，瓜桃梨棗盛有，雞頭亦有數品，若揀銀皮子嫩者為佳，市中叫賣之聲不絕。中貴戚裡，多以金盒絡繹買入禁中，如宅舍市井欲市者，以小新荷葉包，摻以麝香，用紅小索繫之。

〔明〕劉侗、于奕正《帝京景物略》

十五日，諸寺建盂蘭盆會，夜於水次放燈，曰放河燈。最勝水關，次泡子河也。上墳如清明時，或製小袋以往，祭甫訖，輒於墓次掏促織，滿袋則喜，秫竿肩之以歸。

歲中元夜，盂蘭會……酒人水嬉，縛煙火作梟雁龜魚，水火激射，至菱花焦葉。

 古今四季都有喵

甜棗喵

通知書

請悉知，

貓吃不出甜味，

表現得那麼興奮，

純粹為了配合你。

從前的生活

　　棗原產於中國，早在三千年前的《詩經》就有吃棗的記述。《禮記》記述了用棗做為甜味調味品製作菜餚的過程，還有用棗救饑荒的記載。在漫長的時間裡，棗一直是中國北方重要的經濟作物，甚至被美化為吃了可滋補成仙的仙果。宋朝時，棗的品種已經很多了，如靈棗、牙棗、青州棗、亳州棗等。

　　棗，又叫木蜜。樹皮粗糙，葉片小，葉片正面呈深綠色，背面綠色中微微帶點白色。每年發芽都比較晚，農曆五月時會開淡黃色的小花，花落之後就開始結棗子了。棗子生的時候青澀，根本不能吃；逐漸長大，果實顏色漸漸

變白，乃至果皮上帶著一點點紅絲，這個時候勉強可以生吃。想要讓棗完全成熟，必須等到全棗變紅才行，那時候吃，味道非常甜美。

《王禎農書》說：「棗這種東西，南方、北方都有出產，但南方的棗子堅硬，含水分較少，不如北方的棗肉厚爽脆。在青、齊、晉、絳這些地區生長的棗子尤其好吃。」

《齊民要術》說：「太乾旱或太潮溼的地方沒有辦法種莊稼，但這些地方種棗樹就沒問題。棗有很多品類，古往今來有：壺棗、鹿盧棗、白棗、楊徹齊棗、羊棗、大棗、蹶泄棗、無實棗、還味棗、蹙諮棗、谷城紫棗、西王母棗、夏白棗、壚棗、信都大棗、梁國夫人棗、三星棗、駢白棗、灌棗、狗牙棗、雞心棗、牛頭棗、獼猴棗、夕棗、崎廉棗、棠棗、玉門棗、樂氏棗、羊角棗、御棗、窯坊棗、無核棗、氐棗、木棗、丹棗、鶴珠棗。」

〔明〕汪灝〈御定佩文齋廣群芳譜卷五十八〉

棗,一名木蜜。皮粗,葉小,面深綠色,背微白。五月開小花,淡黃色,花落即結實。生青不堪食,漸大漸白至微見紅絲,即堪生啖。熟則純紅,味甚甘甜。

 古今四季都有喵

月影喵

疑惑

月亮可以變成圓形，

我在夜裡，

也會團成圓形，

人……是不是喜歡

所有晚上能變成圓形的東西？

從前的生活

　　中秋這個節日由來已久，最開始是從人們對月亮的原始崇拜中演化而來。到了明、清時期，中秋賞月、吃月餅、聞桂花、玩樂宴飲等民俗風情已經基本定型，中秋節就成為一個舉家歡慶團圓的節日。

　　唐玄宗時期，有一年的八月十五晚上，他與楊貴妃來到太液池邊，靠著欄杆望月亮，卻因為角度關係，不能很好地欣賞月景。唐玄宗心裡很不痛快，覺得煞了風景，於是下令手下在太液池邊，另外再建一個百尺高的賞月臺。第二

年，唐玄宗和楊貴妃就可以在這座高臺上欣賞清楚的月夜景色了。後來爆發安史之亂，這個賞月臺就不存在了。

除了賞月，中秋節吃的美食也是一大亮點，古代的名菜蟹釀橙便是其中之一。選擇黃澄澄且熟透的大柳丁，切掉頂部，剜去果肉，裡面稍微留一點果汁。然後把蟹膏蟹肉塞進去，用剛才切掉的那塊頂部的果皮覆蓋。放在小鍋裡，加上酒和醋蒸熟。吃的時候在醋裡放一點鹽，蘸著吃。菜品既有螃蟹的鮮味，又帶著柳丁的清香，一道菜能徹底勾起人們對秋天好酒、菊花、香橙和螃蟹的那點念想。

古時每年八月十五祭祀月亮時，貢品的果子、糕餅一定要圓形的才可以。如果要切瓜，就要用刀刻出齒，一瓣瓣的像蓮花一樣綻開才好。當天賣紙的店鋪還會賣一種月光紙，上面描繪著一個大大的圓月，月亮中趺坐在蓮花臺上的是月光遍照菩薩。在蓮臺下月亮裡畫著桂花殿，還有兔子像人一樣站著在搗長生不老的仙藥。這種月光紙上畫的內容大體相似，材質大多很普通，小一點的畫才三寸大，大的能超過一丈。還有一些做工特別精細，上面用了很多金粉、銀粉，色澤更加繽紛絢爛。人們買回這種月光紙，貼在家裡朝向月亮升起的方向，對著月亮把貢品擺好，然後祭拜。完成後焚燒月光紙，把貢品撒下來，分給家人吃。一定要保證每個人都能分到這些月餅、月果，其他親屬之間也多有互相饋贈。其中月餅直徑在二尺上下，親屬之間經常饋贈，當天上午，已過門的媳婦要回娘家省親，天黑前一定會再回來，一家人要在一起，這就叫團圓節。

〔五代〕王仁裕《開元天寶遺事》

望月臺

玄宗八月十五日夜,與貴妃臨太液池,憑欄望月不盡。帝意不快,遂敕令左右於池西岸,別築百尺高臺,與吾妃子來年望月。後經祿山之亂,不復置焉,惟有基址而已。

〔宋〕林洪《山家清供》

蟹醸橙

橙用黃熟而大者,截頂,剜去穰,留少液。以蟹膏肉實其內,仍以帶枝頂覆之。入小甑,用酒、醋、水蒸熟,用醋、鹽供食。香而鮮,使人有新酒、菊花、香橙、螃蟹之興。

〔明〕劉侗、于奕正《帝京景物略》

八月十五日祭月,其祭果餅必圓,分瓜必牙錯瓣刻之,如蓮華。紙肆市月光紙,繪滿月像,趺坐蓮華者,月光遍照菩薩也。華下月輪桂殿,有兔杵而人立,搗藥臼中。紙小者三寸,大者丈。致工者金碧繽紛,家設月光位於月所出方,向月供而拜。則焚月光紙,撤所供,散家之人必遍。月餅月果,戚屬饋相報,餅有徑二尺者。女歸寧,是日必返其夫家,曰:「團圓節也。」

棋 語 喵

縱橫家

這一條是給你掏耳朵的時候蹬的，
這一道是給你剪指甲的時候撓的，
這一片是給你洗澡的時候抓的，
這顆星是給你打針的時候咬的。

原來，
你這都是為了下一盤大棋？

從前的生活

　　圍棋，是中國最古老的一種桌面遊戲，古代叫做「弈」。因為圍棋的轉換方式非常多樣，想要贏得勝利，需要通盤的謹慎考慮，所以圍棋一直被人們視為韜略的一種體現。由於圍棋是透過下棋子來了解對手的想法，因此下圍棋又被美稱為「手談」。

秋 · 睡起秋聲無處喵

《魏書》記載北魏大臣甄琛和圍棋有關的趣事，他早年被推舉為秀才，到京城一年多，每天只知道下圍棋，甚至為了下棋而熬通宵。有一個聽命的小廝，甄琛曾讓他在棋盤邊舉著蠟燭，替自己照亮。這個小廝偶爾會打盹，甄琛發現後非常生氣，狠狠地用棍子打他，這種事不只發生一次。後來小廝實在受不了了，當面對甄琛說：「您辭別父母，來到京師做官。如果是為了讀書、學習的事，讓我在旁邊舉著蠟燭替您照亮，我一小會兒都不敢走神啊！可是您非但不學習，還為了玩圍棋搞得不眠不休，通宵達旦，這是您來京城的本意嗎？為了自己玩還隨意杖責下人，這不是太不講道理了嗎？」甄琛聽了這番話，感到非常慚愧。自此開始向許睿、李彪二人借書學習，逐漸有所成就。

　　提到圍棋，不得不提及宋朝的一部著作《棋經》，它的出現標誌著中國古典圍棋理論達到了一個新的高度，書中對圍棋的表述系統十分深刻：「天地萬物有共同起源，都是從簡單的『一』開始，逐漸發展變得複雜。棋局一共有三百六十一個交叉點，多出來的『一』象徵萬物的起源，由一個棋子發展到全域。三百六十這個數字，象徵一年有三百六十天，棋盤的四個角象徵一年的四季。每一個象限各有九十個交叉點，象徵一個季度有九十天。古代曆法中，五天為一候，一年共七十二候。棋盤從邊緣到星位所標記的那一行，是棋盤的周邊。棋盤周邊，每一側都有七十二個交叉點，象徵一年的七十二候。棋子一共三百六十顆，一半是黑子，一半是白子，這種對半分的設置，象徵太極陰陽。棋盤上畫的線叫『枰』，中間的空間叫『罫』。棋盤是方形的，並且不會變動；棋子是圓形的，落子的位置時時改變。從古至今所有下棋的人，從沒有下

出過一模一樣的棋局，這就叫『日日新』。所以下棋時應當用心細緻，孜孜以求，認真仔細地考慮每盤中勝負得失的原因，棋藝就能精進。」

典籍齟橫

〔南北朝〕魏收《魏書·列傳第五十六》
（甄琛）舉秀才。入都積歲，頗以弈棋棄日，至乃通夜不止。手下蒼頭常令秉燭，或時睡頓，大加其杖，如此非一。奴後不勝楚痛，乃白琛曰：「郎君辭父母，仕官京師，若為讀書執燭，奴不敢辭罪；乃以圍棋，日夜不息，豈是向京之意？而肆加杖罰，不亦非理乎？」琛惕然慚感，遂從許睿、李彪假書研習，聞見益優。

〔宋〕張擬《棋經》
夫萬物之數，從一而起。局之路三百六十有一，一者生數之主，據其極而運四方也。三百六十以象周天之數，分而為四隅，以象四時，隅各九十路，以象其日，外周七十二路，以象其候。夫棋三百六十黑白相半，以法陰陽。局之線道謂之枰，線道之間謂之罫。局方而靜，棋圓而動。自古及今，弈者無同局。《傳》曰：「日日新。」故宜用意深而存慮精，以求其勝負之由，則至其所未至矣。

書畫喵

面壁對影

突然間的沉寂，
脊背帶著柔軟或者力量的弧度，
躬下去，
脹滿了虔誠或者警惕，

對著牆壁上展現出來的，
神蹟，
或者另一個你。

從前的生活

　　中國古人非常重視書畫藝術，如果一個人的字寫得不好看，在古人眼裡就是品德不好的表現，甚至科舉時，會只因為字寫得難看而讓一個人落榜。繪畫，尤其是山水畫，被視為體現作者胸襟情操的一種方式，如果意境開闊飄逸，就會受到時人追捧。

　　唐代著名繪畫理論家張彥遠，曾在《歷代名畫記》展現對繪畫的獨到觀點：「繪畫這個東西有助於教化，有助於人們守禮、明白道德。同時還能展現出無窮的變化，探知難以用語言表達的世界。從這方面講，繪畫對人們的教化能發揮的作用，與聖賢六書相同。無論文字還是繪畫，都來自先民們對自然的描摹，並非來自某前人的學說……天上奎星光芒四射，掌管天下詞句、文章。倉頡造字時，就是看著上下四方的各種不同事物，仿照鳥獸魚龜在地上、水裡留下的痕跡，創造出漢字的筆劃和基本形態。天地造化間的神祕再也不能隱藏，所以老天下起了糧食雨。那些妖精鬼怪從此不能隱藏形體，會被人們明白地審視和描摹，因此它們感到恐懼而在夜裡哭泣。在那個時候，書畫本是一體，沒有分開，沒有辦法清楚地表達意思，就有了文字，沒有辦法讓別人親眼看到當時的情形，就有了圖畫，這是天地和聖人先賢共同促

成的結果。今天說字體區分為六種，一是孔子時代使用的文字，二是各種通假字、異體字，三是小篆，四是隸書，五是璽印專用的花體大篆，六是以花鳥形狀在字體上做裝飾的花體異形美術字。在旗幟和信件開頭寫出來的瑞鳥圖形，就更類似畫了。顏光祿《雲圖》說想要記載事情有三種方法：一是用卦象，二是用文字，三是用繪畫。周朝明確的六種造字方法，第三種就是象形，所謂象形，就是照著實物的樣子畫出來。所以確實可以說，書和畫雖然有不同的名字，但其實是同源同宗。」

唐代不僅有繪畫理論家，更是繪畫大家頻出的年代。唐朝初年閻立本特別擅長繪畫，尤其人物畫得好。唐太宗當時還是秦王，讓閻立本畫了手下杜如晦等十八位學士，畫好後讓褚亮做題記，就是後人所傳的《十八學士圖》。貞觀十七年，唐太宗讓閻立本在凌煙閣畫了長孫無忌等二十四位功臣，畫得唯妙唯肖，唐太宗看完後親自寫了一篇讚美的文章，讓字寫得好的褚遂良提在畫旁。凌煙閣的二十四人，被當時的人稱為「丹書神化」。

武則天時期，薛稷畫畫也很了得，尤其仙鶴畫得十分傳神。唐玄宗時期，王維特別擅長畫山水畫，那種幽深靜雅的情致，百年難覓。鄭虔畫山水也畫得好，名頭僅次於王維，當時的人都視為珍寶。鄭虔不但善於畫畫，書法、詩詞也非常好，所以有「三絕」之稱。天寶年間，御史畢宏特別善於描繪古松。

上面提到的這幾位，都是唐時名動一時的繪畫大家。與吳道子畫鬼神，韓幹畫馬一樣，都是當時最為知名的人物。

〔唐〕張彥遠《歷代名畫記》

夫畫者，成教化，助人倫，窮神變，測幽微，與六籍同功。四時並運，發於天然，非由述作……奎有芒角，下主辭章；頡有四目，仰觀垂象。因儷烏龜之跡，遂定書字之形。造化不能藏其祕，故天雨粟；靈怪不能遁其形，故鬼夜哭。是時也，書畫同體而未分，象制肇創而猶略，無以傳其意，故有書；無以見其形，故有畫。天地聖人之意也。按字學之部，其體有六：一古文，二奇字，三篆書，四佐書，五繆篆，六鳥書。在幡信上書端象鳥頭者，則畫之流也。顏光祿云：「圖載之意有三：一曰圖理，卦象是也。二曰圖識，字學是也。三曰圖形，繪畫是也。」又《周官》教國子以六書，其三曰象形，則畫之意也。是故知書畫異名而同體也。

〔唐〕封演《封氏聞見記》

國初閻立本善畫，尤工寫真。太宗之為秦王也，使立本圖秦府學士杜如晦等一十八人，學士褚亮為贊，今人間《十八學士圖》是也。貞觀十七年，又使立本圖太原幕府功臣長孫無忌等二十四人於凌煙閣，太宗自為贊，褚遂良題之……時人號為「丹青神化」。今西京延康坊，立本舊宅。西亭，立本所畫山水存焉。則天朝，薛稷亦善畫。今尚書省考功員外郎廳有稷畫鶴，宋之問為贊。工部尚書廳有稷畫樹石，東京尚書坊、岐王宅亦有稷畫鶴，皆稱精絕……玄宗時，王維特妙山水，幽深之致，近古未有……鄭虔亦工山水，名亞於維。勸善坊吏部尚書王方慶宅院有虔山水之跡，為時所重。虔工書畫，又工詩，故有「三絕」之目……天寶中，御史畢宏善畫古松。凡此數公，皆負當時才名，而兼擅工藝。至若吳道元畫鬼神，韓幹畫馬，皆近時知名者也。

古今四季都有喵

圍獵喵

同理心

人類那裡有一個詞
叫「同理心」。
下水抓魚多開心的事兒啊！
魚怎麼就體會不到呢？
真應該跟人學學。

從前的生活

因為春、夏要進行耕種，古代的圍獵一般選擇在秋、冬等農閒時期進行。秋、冬的狩獵除了為過冬增加食品儲備外，還有練兵和禮制等意圖。下到鄉里、上到皇家，是秋、冬重要的儀式和活動。

蘇軾的〈江城子・密州出獵〉反映出圍獵時的盛況，表達蘇軾渴望報效朝廷的壯志豪情。

清朝時圍獵活動更是盛極一時，康熙初年，每每皇帝出外游獵，流程十分複雜。車馬隨從和駐紮地確定後，讓統領和營總各一人，帶兵先去觀看地勢、地形，看看哪裡適合建立狩獵行宮。武備院設行營，建宮殿帳篷。外面用黃漆的木頭圍成一座城，建城門，再用黃布把整個木頭的城牆罩起來。核心的行營外面還有網城，守衛的士兵便駐紮在那裡，每個部隊都有所屬區域，不會越界。過了十年，廢除木質圍城。康熙二十年，皇帝去塞外出遊打獵，出了山海關，到達烏拉爾山，在這些地方邊走邊圍獵。到了康熙二十二年六月，皇帝到古北口圍獵，木蘭圍場的例行圍獵就是從這個時候開始的。

木蘭圍場在承德縣城以北四百里的地方，隸屬於翁牛特旗，是藩王進獻給皇帝的圍獵場。這片土地周長約一千三百多里，林木茂盛，水草豐美，很多野獸在這裡群居棲息。當時每年會在這裡舉行秋獵，有時冬天還要再來一次冬獵。康熙三十三年，設立虎槍營，分屬於正黃旗、鑲黃旗和正白旗，裡面的統帥有總統、總領。田獵時，如果遇到猛獸，虎槍營會排出槍陣跟隨。皇帝不僅

每年秋天要進行狩獵練兵，還下令各個省的駐兵，每年都要透過狩獵來進行操練，並且形成常例。康熙六十一年，皇帝再次去木蘭圍場圍獵，並向蒙古王公貴族賞賜衣服。從此開始，每年秋天去木蘭圍場圍獵就成為慣例。

雍正八年，下令八旗子弟練兵，每一旗都在木蘭圍場進行二到三次的圍獵演練。

典籍轆櫝 —————————————————————————————

〔宋〕蘇軾〈江城子·密州出獵〉

老夫聊發少年狂，左牽黃，右擎蒼，錦帽貂裘，千騎卷平岡。為報傾城隨太守，親射虎，看孫郎。
酒酣胸膽尚開張，鬢微霜，又何妨？持節雲中，何日遣馮唐？會挽雕弓如滿月，西北望，射天狼。

〔民國〕趙爾巽《清史稿》

康熙初元，定車駕，行圍駐所，置護軍統領、營總各一人，率將校先往度地勢。武備院設行營，建帳殿，繚以黃絳木城，立旌門，覆以黃幕。其外為網城，宿衛屯置，不越其所。十年，罷木城，改黃幔。康熙二十年，幸塞外，獵南山。尋出山海關，次烏拉，皆御弓矢校獵。越二年六月，幸古北口外行圍，木蘭搜獵始此。
木蘭在承德府北四百里，屬翁牛特。先是藩王進獻為搜獵所，周千三百餘里，林木蔥郁，水草荏茂，群獸聚以孳畜焉。至是舉行秋獮典，間有冬令再出者。三十三年，設虎槍營，分隸上三旗，置總統、總領。大狩行田，遇有猛獸，列槍以從。並命各省駐防兵歲番獵以為常。六十一年，復幸塞外行圍，賞蒙古王公等衣物，定為恆制。
雍正八年，令八旗人習步圍，旗各行圍二、三次。

鬥 逗 喵

玩兒

拿著彩草抖抖手腕，
吸引它的注意。
等到全神戒備的時候，
再偷偷把彩草收到高處，
等它反應。
猜我在逗誰？

從前的生活

　　鬥蛐蛐是中國古人的一項文娛運動，這項運動由來已久，但凡可以捕捉到蛐蛐的地方，都可以進行。因為一般蛐蛐在秋天時才完全成熟，所以鬥蛐蛐最盛的時間，往往都是秋天。人們對自己能征善戰的蛐蛐有著別樣的喜愛，甚至會專門為牠們燒製符合身材大小的青花瓷盤碗，仔細飼養，非常金貴。宋朝有個叫賈似道的人，甚至專門為研究蛐蛐寫了《促織經》，足見那時人們對鬥蛐蛐這項活動的熱情之高。

想要抓蛐蛐，一定不能直接用手抓，而是要帶著竹筒去扣。抓住的蛐蛐直接從竹筒中倒入蛐蛐籠中，可以避免在捕捉中讓蛐蛐受傷。初秋時，想要抓蛐蛐，就到郊外野地尋找；過了中秋，要到有人居住的房屋牆根下或園圃中等相對暖和一點的地方找。找蛐蛐時要仔細聽牠們發出的叫聲，跟著聲音去找窩。如果找到蛐蛐趴著的地方，判斷是蛐蛐無疑了，就輕輕用手把周圍的草葉等雜物撥開，然後用尖尖的草葉逗弄蛐蛐，讓牠跳出窩。如果無論怎麼用草葉逗弄都不肯出來，可以把水灌到蛐蛐的窩裡，逼牠出來。等牠跳出來，要趕緊趁機看清楚公母和品相的好壞。如果六條腿都沒少，而且尾巴尖、分叉，就像有兩個小尾巴的樣子，顏色屬於上乘，身子寬而結實，全身沒有受傷，就是品相上好的蛐蛐，要趕緊用竹筒扣住，然後倒在蛐蛐籠中。尾巴分叉過多、身上有殘疾或顏色不好的蛐蛐，就不必抓了。

　　如果你能有幸找人鬥蛐蛐，接下來的指南可不能錯過。沒錯，其實鬥蛐蛐和看猛虎相爭差不多，參與的人首先要偷偷觀察對方蛐蛐的大小體態，如果相差懸殊，就不要強行比鬥。只有在雙方蛐蛐勢均力敵的情況下，才可以一鬥。如果已經決定開始比鬥，將雙方的蛐蛐放在比賽用的罐子，兩邊的人用青蒿輕輕捋蛐蛐鬚子，讓蛐蛐開始鳴叫就算做好準備，務必不要過分刺激蛐蛐。將兩隻蛐蛐的頭擺正，直衝對方蛐蛐所在方向即可。這時將中間隔著的閘門拿掉，讓兩隻蛐蛐自行相見。

　　鬥蛐蛐的過程中，戰況分許多種。有蛐蛐撲上去咬對方一口就見輸贏的，有三口咬斷觸鬚的，還有「一遞一口」、「雙做口」、「黃頭兒滾顛」、折斷

對方腿腳、互相咬昏等不同情況。蟋蟀鬥完後，不要馬上下青蒿葉把蟋蟀弄出來，這時的蟋蟀攻擊性正強，突然下草葉，牠會撲上去咬，反而會傷了自己。蟋蟀受傷折損牙口，不但不利於下次鬥玩，光這一次，受傷疼痛的情況下，蟋蟀會繞著籠子到處跑，根本無法收回來。這時可以用溼潤的紙張覆蓋在罐子上，等蟋蟀受傷的疼痛感減輕，才能用青蒿葉將牠挑起，放回籠中。

此外還有一些注意事項，比如平時要仔細調養蟋蟀，交鋒時才能多勝少敗；平常不要在蟋蟀休息的罐子裡鬥蟋蟀；同時要意識到，既然是鬥蟋蟀，自然有輸有贏。

典籍輯檔

〔宋〕賈似道《促織經》

捉促織法

凡捉促織，必將著竹筒過籠。初秋時，於綠野草萊處求之，中秋時，須在園圃垣牆之中，側耳聽其聲音，然後覓其門戶，果是促織所在。用手啟其門戶，以尖草拂求其出。若不肯出窩者，或將水灌於窩中，躍出。然後縱目辨其雌雄好歹，如果具足、二尾、上色、體闊、身全者，急忙捕捉，收拾過籠之中。其餘三尾、殘疾、不入色樣者不取。

交鋒論法

夫交鋒如虎爭鬥，彼此投降，看蛩者密察其大小，細看貌色，不可強也。顏色兩停，方可相合。既已議定，鼓噪聒鳴，兩下茭各存道理，不許過繃，如橫即點正，不許挑撥。起鬧，待其自見。有一口贏者，有三口咬觸者，有一遞一口者，有雙做口，有黃頭兒滾顛、番搦折腿腳，有兩下口咬昏鬥贏者。忽上敲之後，太重太早，自誤牙跟，疼痛無休，滿籠延走，不可下茭。可將溼紙搭蓋，待疼已定，方可下茭挑之，不可合牙，等下鋒回報，才可調熟，交鋒自見，鬥口無失，盆中莫鬥，鬥有屈輸，籠內輸贏有准。

秋‧睡起秋聲無處尋

173

冬

冬雪雪冬
小大喵

尋梅喵

踏雪尋梅

前面白雪平整鬆軟，
身後雪上卻印著朵朵梅花。
我再次抬爪，
往軟塌塌的雪上——
踩下。

我一定要找到，
究竟是誰，
在種梅花。

從前的生活

　　中國文人雅士喜歡寄情山水，踏雪尋梅是其中的代表行為。因天寒雪深，還要尋尋覓覓，踏雪尋梅比登樓望遠、醉臥南山等多了一絲辛苦。因此，踏雪尋梅常用來形容文人苦心吟哦推敲的情致和冰清玉潔的性情。

　　明代史學家張岱的《夜航船》，記錄唐代孟浩然踏雪尋梅的逸事，他常冒著雪、騎著驢在野外尋梅，還說：「我構思美好詩句的最佳地方就是在灞橋風雪中，在我的驢背上。」

除此之外，梅花的冰清玉潔是古人追求的目標。曾有一個鐵腳老道，非常喜歡光著腳在雪地裡走，走得興起還要朗誦《南華經》的〈秋水篇〉。他還喜歡在冬天，直接把梅花摘下來吃，抓把雪送下去。他說：「我這樣做，就是希望能把白雪的凜然之氣和梅花高潔的香氣，沁入我的心肺血脈中。」

　　南北朝流行一時的梅花妝，據說與梅花有關。劉宋時期的壽陽公主，有一天在含章殿簷下躺著休息，飄落的梅花花瓣正好輕輕停留在公主額間，把公主的容貌襯得愈發嬌豔。公主之後就模仿這件事，在額間貼上梅花形的花鈿。

　　南宋中興四大詩人之一的范成大，曾專為梅花寫了《范村梅譜》，書中對梅花的稱讚之情溢於筆端：「梅花，是天下最美麗的事物。天下人不論聰明還是傻，有學問還是沒學問，都對這件事沒有異議。有志於園藝的人，一定會先從種梅花開始，而且梅花怎麼種都不嫌多。至於其他品種的花木，有沒有、有多少，無關緊要。我本來在石湖玉雪坡那裡就有數百棵梅花樹，後來又在玉雪坡南邊把王家的大宅院買了過來，把裡面的建築都拆掉，全規劃成我的花圃園地。我還替這裡起了一個名字，叫『范村』。整個范村，梅花樹的種植範圍占了三分之一。本來江南就流行栽種梅花樹，品種繁多。現在終於在我的花園中把各個品種全種齊了！

　　梅花氣韻優雅，品格高潔，所以在欣賞方面，以枝條花朵疏朗斜插、老樹姿態怪奇為佳，講究一種病態美，不要健碩筆直、花葉繁茂。新嫁接的梅樹，長一年後就會抽出筆直向上的嫩枝，有的能長三、四尺長，好像薔薇花枝似

的。這種枝條在江南叫『氣條』，這樣的枝條應該修剪掉，留著真的沒有什麼梅花的韻味和格調。還有人替梅樹施很多肥料，讓梅枝長得壯碩無比，遠看如一叢叢密紮紮的荊棘簇，而且梅花花開繁密，不是什麼好品味。

到了最近，人們開始流行畫墨梅，江西有個叫楊補之的人，很有名。但他畫的梅花枝條太順，花朵太多。筆下的梅花大多長著『氣條』，儘管筆法不錯，但離體現梅花的內中韻味還差得遠。只有廉宣仲畫的梅花能體現梅花優雅疏朗的清冽氣質，只可惜他的畫沒什麼名氣。」

典籍韞櫝 ────

〔明〕張岱《夜航船》
踏雪尋梅
孟浩然情懷曠達，常冒雪騎驢尋梅，曰：「吾詩思在灞橋風雪中，驢背上。」
嚼梅咽雪
鐵腳道人，嘗愛赤腳走雪中，興發則朗誦《南華‧秋水篇》，嚼梅花滿口，和雪咽之，曰：「吾欲寒香沁入心骨。」
梅花點額
劉宋壽陽公主，人日臥含章殿簷下，梅花點額上，愈媚。因仿之，而貼梅花鈿。

〔宋〕范成大《范村梅譜》
梅，天下尤物，無問智賢愚不肖，莫敢有異議。學圃之士必先種梅，且不厭多，他花有無多少，皆不係重輕。余於石湖玉雪坡既有梅數百本，比年又於舍南買王氏僦舍七十楹，盡拆除之，治為范村，以其地三分之一與梅。吳下栽梅特盛，其品不一，今始盡得之……
梅，以韻勝，以格高，故以橫斜疏瘦與老枝怪奇者為貴。其新接稚木，一歲抽嫩枝直上，或三、四尺，如酴醾、薔薇輩者，吳下謂之「氣條」，此直宜取實規利，無所謂韻與格矣。又有一種糞壤力勝者，於條上苗短橫枝，狀如棘針，花密綴之，亦非高品。近世始畫墨梅。江西有楊補之者，尤有名。其徒仿之者，實繁。觀楊氏畫大略皆「氣條」耳，雖筆法奇峭，去梅實遠，惟廉宣仲所作差有風致，世鮮有評之者。

賣炭喵

我是真的愛你

愚蠢的人類，
總會錯我的意。

你裹著寒風進門，
馬上就把冰涼的手，
塞到我暖融融的肚皮底下。
我沒動，
是因為懶，
不是因為我喜歡。

你手被焐暖，
摟著我說可愛的樣子，

真的很煩。
我沒咬你，
是因為懶，
不是因為我喜歡。

你笑得好誇張啊！
臉上像開了一朵花。

……算了
就讓你再焐一會兒好了，
誰讓你蠢。

從前的生活

在古代，普通人一般都是從附近砍柴、燒火來抵禦冬天的寒冷，用得起精炭的，至少是大都市中的中等人家。精炭的好壞評判標準和現在一樣，都是以無煙而熱力持久的炭為上品。當然人們很早就發現煤的存在，因此有些地方，冬天不燒柴炭而燒煤取暖。

唐代大詩人白居易的〈賣炭翁〉，記錄了一位老人的困苦生活：「有一個以賣炭為生的老翁，終年在南山中伐薪燒炭。終日勞作讓他滿臉全是煙灰，身上、手指上全是炭黑色，洗也洗不掉，辛苦一年才能攢一車木炭去賣。老翁每年依靠年底賣炭得來的錢，替自己買冬衣和吃食，此外別無收入。所以雖然身上的衣服已經非常單薄，但他還是希望天氣能更冷一點。因為天氣冷，願意買炭的人就多，生意好做，炭的價錢就能高一點。

這天夜裡下了一尺厚的大雪，老翁覺得是去城裡賣炭的好時機。於是天剛亮，就忙著燒了一年才積攢的那車炭，往長安西市趕去。到了市場門口，已經是牛困人饑，雖然太陽升得很高，但還沒到正午開市的時間。

日出雪化，讓道路變得非常泥濘，但老翁顧不得髒，就在市場的南門外，藉著這點時間趕緊休息，想要恢復體力，好在開市後把這車炭賣個好價錢，這樣一年的衣食才會有著落。

正在休息時，老翁遠遠地看到兩個衣著光鮮的人，騎著高頭大馬向這邊過

來。到了近處，老翁才從他們的打扮看出是替宮裡辦差的貴人。只見這兩人從懷裡掏出一個文書，給老翁看。可老翁哪裡識字呢？於是貴人對他說，這是皇上覺得天冷要用炭，所以下旨徵用你的這一車炭。說完就把老翁趕下車，動手把牛車牽向宮城的方向。

整整一車炭，有一千多斤。被貴人收走，老翁不敢說不行，但又捨不得，只得亦步亦趨地跟在後面。到了皇城門口，貴人把炭卸走，看到後面跟著的老翁，隨便拿出不到半匹的紗緞給他，說這半匹布足夠支付那一車炭的價錢了。老翁無奈，把這半匹紗緞繫在牛角上，緩緩地催動牛車，無聲地向遠處走去。」

相比之下，那時達官顯貴們的生活卻是另一幅景象：長安城中的富豪王元寶，每年到了冬天下大雪時，會讓僕人在自家所在的小巷掃雪，掃出一條直通自家宅院的路。然後親自站在路口，迎接各路客人來訪。到了家裡還要為賓客準備火爐和宴飲歌舞，他稱這個叫「寒暖會」。

楊國忠家裡會把炭弄成粉末，和蜂蜜一起捏塑成鳳凰的形狀。到了冬天生火取暖時，燒的都是這種炭。而且即便是燒炭也有講究，要先用名貴的白檀木鋪在火爐底下，避免其他東西的灰燼摻雜進來。

身處皇家更是不用多說，唐朝時西涼國曾進貢百條精炭，每條都有一尺多長，炭的顏色是青黑色，堅硬得好像鐵條，這種炭名叫「瑞炭」。在火爐中點

燃，看不到熊熊大火，也沒有煙氣，只會看到它安靜地燃燒發光。每一條炭能燒十天，火力非常旺盛，炙烤得讓人無法靠近。

典籍韞櫝 ————

〔五代〕王仁裕《開元天寶遺事》

掃雪迎賓

巨豪王元寶，每至冬月，大雪之際，令僕夫自本家坊巷口掃雪，為逕路，躬親立於坊巷，前迎揖賓客，就本家具酒炙宴樂之，為暖寒之會。

瑞炭

西涼國進炭百條，各長尺餘，其炭青色堅硬如鐵，名之曰「瑞炭」。燒於爐中，無焰而有光，每條可燒十日，其熱氣迫人而不可近也。

鳳炭

楊國忠家，以炭屑用蜜捏塑成雙鳳，至冬月則燃於爐中。及先以白檀木鋪於爐底，餘灰不可參雜也。

 古今四季都有喵

燒烤喵

品嘗方式

「值得仔細品味。」
這句話的意思，
不是讓你把吐出來的，
再吃回去。

從前的生活

　　炙烤是人類加工食物最基本的方法，這種最初的食物烹飪模式歷久彌新，一直傳承到今天。漢代時，有專門將肉穿在金屬籤子上燒烤用的烤爐，周圍還有放佐料的小碗，與今天吃串烤的設備沒有什麼太大的區別。

　　北魏傑出農學家賈思勰的《齊民要術》，詳細講述各種烤肉方法，讀著就讓人垂涎三尺呢！烤豬用肚子下面肥肉非常多的豬就行，不論公母。最開始的加工方法和煮豬肉一樣。用力將皮刷乾淨，去掉不能吃的地方，徹底把外面收拾乾淨。然後在肚子開一個小口，把豬的內臟掏出來，再用水將腹腔清洗乾淨。緊接著把香草、蘑菇等物塞進豬肚子，一直到塞滿為止。這些都做完後，

找一根長直的柞木，把整豬穿在上面，架起來用小火烤。烤的時候要注意離火遠一些，一直轉動讓豬肉均勻受熱，不要停下。還要用清澈的酒液刷在豬皮上，好讓豬皮盡快變得金黃，並且從新熬好的豬油中，選色澤最為白淨、沒有異味的部分，塗在烤豬上。要是沒有新豬油，用乾淨的麻油也行。經過一番烤製，最終烤好的豬肉外表顏色如同琥珀一般，蜜色還透著亮，遠遠看來就好像一塊金子。這種豬肉入口即化，簡直就像在吃雪一樣。而且汁多肉嫩，油香撲鼻，特別好吃。

如果豪放一些，想要手裡拿著烤肉吃，另有一套方法。如果肉選自大牛，就選用眼肉或上腦這種肉質比較嫩的部分；如果是小牛犢，用腿肉也可以。先用大火烤，但只烤肉的一面；看到肉色轉白，立刻將熟的部分割下來，然後轉一面接著烤。這樣烤出來的牛肉，肉汁豐富，肉滑味美。要是用普通的方法，將四面都烤熟才切片就又柴又老，完全不能吃了。

烤肉之味美，不僅吸引像賈思勰這樣的農學家，更讓文學家們留戀不已，曹雪芹在《紅樓夢》對烤肉也有極為生動的描述：

李紈等忙出來找著他兩個說道：「你們兩個要吃生的，我送你們到老太太那裡吃去。哪怕吃一隻生鹿，撐病了不與我相干。這麼大雪，怪冷的，替我作禍呢。」寶玉笑道：「沒有的事，我們燒著吃呢。」李紈道：「這還罷了。」只見老婆們拿了鐵爐、鐵叉、鐵來，李紈道：「仔細割了手，不許哭！」說著，同探春進去了。

鳳姐打發了平兒來回覆不能來，為發放年例正忙。湘雲見了平兒，哪裡肯

放。平兒也是個好頑的，素日跟著鳳姐兒無所不至，見如此有趣，樂得頑笑，因而褪去手上的鐲子，三個圍著火爐兒，便要先燒三塊吃。那邊寶釵黛玉平素看慣了，不以為異，寶琴等及李嬸深為罕事。探春與李紈等已議定了題韻。探春笑道：「你聞聞，香氣這裡都聞見了，我也吃去。」說著，也找了他們來。李紈也隨來說：「客已齊了，你們還吃不夠？」湘雲一面吃，一面說道：「我吃這個方愛吃酒，吃了酒才有詩。若不是這鹿肉，今兒斷不能作詩。」說著，只見寶琴披著鳧靨裘站在那裡笑。湘雲笑道：「傻子，過來嘗嘗。」寶琴笑說：「怪髒的。」寶釵道：「你嘗嘗去，好吃的。你林姐姐弱，吃了不消化，不然他也愛吃。」寶琴聽了，便過去吃了一塊，果然好吃，便也吃起來。一時鳳姐兒打發小丫頭來叫平兒。平兒說：「史姑娘拉著我呢，你先走罷。」小丫頭去了。一時只見鳳姐也披了斗篷走來，笑道：「吃這樣好東西，也不告訴我！」說著也湊著一處吃起來。黛玉笑道：「哪裡找這一群花子去……」

典籍韞櫝 ————————————————————————

〔北魏〕賈思勰《齊民要術》

炙豚法

用乳下豚極肥者，豶、牸俱得。繫治一如煮法，揩洗、刮削，令極淨。小開腹，去五臟，又淨洗。以茅茹腹令滿，柞木穿，緩火遙炙，急轉勿住。清酒數塗以發色。取新豬膏極白淨者，塗拭住著。無新豬膏，淨麻油亦得。色同琥珀，又類真金。入口則消，狀若凌雪，含漿膏潤，特異凡常也。

捧炙

大牛用膂，小犢用腳肉亦得。逼火遍炙一面，色白便割；割又炙一面。含漿滑美。若四面俱熟然後割，則澀惡不中食也。

泡湯喵

貴妃洗澡就像貓

備荔枝備葡萄，
開罐頭開肉條。
三催四請扶入水，
七上八下抓去泡。

氤氳起舞君前邀，
犀利走位胯下逃。
池中墜落青絲搖，
室內飄飛細貓毛。

貴妃洗澡就像貓，
不信且把出浴瞧：
一時辰細梳峨鬢，
兩小時全在舔毛。

古今四季都有喵

從前的生活

　　中國的溫泉資源不太豐富，但即便如此，早在秦始皇時期就有皇家溫泉，還出現各種利用溫泉水的溫度，建造反季節蔬菜大棚的技術。後世甚至專門用溫泉水加熱鮮花大棚，以供達官貴人在冬季賞玩豔麗的鮮花。

　　始建於唐初的華清宮中除了御用的兩個溫泉泡池外，還有另外十六個泡池，專門供後宮佳麗洗浴用。康熙在《幾暇格物編》對溫泉讚不絕口：「溫泉有治病的作用，這件事人盡皆知。但很少有人知道，泡溫泉的保健作用對老年人來說尤其有效。四十歲以內的年輕人，第一次泡溫泉時，肯定覺得憋悶，

泡完後要緩半天才行。大概是人過四十歲之後，生氣逐漸減少，筋骨不如之前利索，新陳代謝變弱，所以反而更能得到溫泉的補益效果，泡完後精神舒暢。年輕人本就血氣方剛，再用特別熱的水蒸氣悶著，就會汗流浹背，損耗元氣，反而對身體健康產生損害。李時珍說：『入浴後是人身體最為空虛、疲憊的時候。』這話說得對，但卻沒有區分老少不同的情況。另外，泡溫泉最好以七天為周期；連泡七天，才能讓溫泉的功效徹底發揮作用。這時要再靜養七天，調理自己的身體，讓各種機能有適應和修復的過程。這樣自身的新陳代謝才能逐漸變好，血行通暢，抵抗力變好，各種小毛病就自然痊癒了。張說在《溫泉箋》說：『要是去泡溫泉，卻不注重飲食、起居方面的調節，胡亂地泡，別說得不到溫泉的補益，甚至還有可能傷身，所以明事理的聰明人一定要小心這點。』這話算是說到重點了。

泉水一般都是清澈的，如果有些稍微帶點異味，一定是水流經的地方有金屬礦物之類的東西存在，這點在溫泉水上尤其明顯。但古人對溫泉水的水質如何，往往不能很好地辨別。《泉志》記載：黃山的溫泉因為春天時水會微微泛紅，所以是朱砂泉。有人說雖然泉水泛紅，但不熱，所以泉水裡應該是雄黃；驪山的溫泉是礬石泉，但有人說礬石不帶香味，就是朱砂泉。《本草》說：『溫泉水裡有硫黃，氣味雖然不好聞，但卻能治病。』可是也有一種含砒霜的石頭，氣味和硫黃相似，如果進去泡澡，就會中毒，不能不讓人多加小心。即便是那幾個天下名泉，千百年來，都不能確定到底是含什麼成分的泉水。更可想見要是在荒山野嶺中，遇到不為人知的泉水，又要叫人怎麼分辨呢？於是，我想出了熬溫泉水驗證成分的辦法。每遇到一處溫泉，就用銀碗盛一碗泉水。

然後隔水用小火把泉水熬乾，接著觀看碗底析出的物質，到底是礬石、鹹鹵、硫黃，還是其他的，一看就明白了。而且還可以根據水裡水鹼的多少、水的混濁程度，判斷這個溫泉對人體到底是有益還是有害，這些全都能明白。比起過去故弄玄虛的說法，泉水的色香味如何，我的熬水法，不是更有真憑實據、讓人信服嗎？」

〔五代〕王仁裕《開元天寶遺事》
長湯十六所
華清宮中除供奉兩湯外，而別更有長湯十六所，嬪御之類浴焉。

〔明〕康熙《幾暇格物編》
溫泉
溫泉可以療疾闢痾，人盡知之。而不知尤宜於年長之人。若四十以內者，初浴湯池時反覺氣弱，必久而後復。蓋人至四十以外，筋骨少衰氣多收斂，得溫和之助，自然精神怡暢。若少年血脈方剛，更以純陽之氣蒸逼之，汗液愈泄，精氣外散，不無少損。李時珍曰：「入浴後當大虛憊。」此未分老少之論也。又，浴湯池必以七日為期，湯之功力始到，再靜養七日，調攝心志，導和引元，則一身之氣脈充足，諸疾自癒。張說《溫泉箴》云：「若入溫泉，居食失節，動出輕躁，莫之或益，傷之者至矣。故君子慎微。」此至言也。

熬水
泉水所發，其源流清遠，及色味少異者，下必有金石之物，而溫泉尤顯而易見者也。然古人往往不能辨，如《泉志》所載云：「新安黃山是硃砂泉，春時水即微紅故也。或雲硃砂雖紅，而不熱，當是雄黃。臨潼驪山是礬石泉，或雲礬石不香，應是硃砂。」《本草》云：「溫泉下有硫黃，氣味雖惡，而可癒疾。」然有一種砒石者，與硫黃相似，浴之有毒，不可不慎。夫以一二有名之溫湯，千百年來，尚不能確指為何泉。若遇荒山窮谷之中，又何以辨乎？是蓋未得熬水征驗之法也。朕每遇溫泉，即以銀碗盛水，隔湯用文火收煉，俟碗水乾，觀水腳所積，或為礬石，或為鹹鹵，或為硫黃等，皆判然分曉，且視所積之輕重，而水性之清濁，及浴人之損益，皆可知矣。較之昔人懸虛擬議，辨之於色香味，而究無捉摸者，不實有可據而足憑乎？

古今四季都有喵

冰嬉喵

生氣的原因

人類的話一點都不可信！
你剛誇我皮毛順滑，
馬上就說要去滑冰。

那是什麼？
能有我滑 ?!

從前的生活

清代有盛大的皇家溜冰運動會，當時把溜冰稱為「冰嬉」。夏天供宮城排水的河道，特別是北海等地，到了冬天就成了冰嬉場所。八旗子弟在冰上翻騰跳躍，場面壯觀。冰嬉除了遊玩觀賞的作用外，還是清朝八旗子弟在冬季練兵的獨特項目。

清朝大臣英廉的《欽定日下舊聞考》，有關於古代冰嬉聖地太液池的記述：「西華門的西邊就是西苑，門口的匾額寫著『西苑門』，從門口進去就能看到太液池。西苑的太液池水，引自玉泉山的山泉水。泉水從德勝門水道閘門流入皇宮，匯聚成為一個巨大的水池，水池周長有好幾里。它不是清朝才有，早在金朝鼎盛時，就已經有西苑的這個水池，那時也已經有『太液池』這個名稱。在太液池中，還有瓊華島、廣寒殿等名勝景致存在，這些建築和水路格局，歷經元朝、明朝，一直因為取水、賞景等原因而被繼承下來，沒有任何改動，但無論是元朝還是明朝，都只將這裡當作遊玩、休憩的場所罷了。到了清朝，各位聖明的皇帝，接連不斷地勵精圖治，將這裡改造成一個政務和觀禮的重要場所。皇帝在這裡和大臣們討論治國問題，或者宴請王公貴族和有識之士，還會在這裡接見外邦來朝貢的使節。此外，出兵前的總動員和凱旋後的慰勞宴，以及武舉的各種比試較量，都在這裡舉行。為此，特地增設惇敘殿、涵元殿、瀛臺、紫光閣等處，每一次都是皇帝親自主持，所以太液池更成為一個祥瑞聚集、文才鼎盛的地方。到了冬天，太液池結冰時，皇帝命令禁衛軍在上面列隊進行冰嬉，看誰滑冰的本事好，武藝超群，就論功行賞。比起秋、冬圍獵練兵的方法，在太液池冰上練兵，也是與民休養生息，減少練兵麻煩的一個方法。」

清代書法家梁詩正在《御製冰嬉賦序》對這項運動有更詳細的描述：「在陸地上跑得快的，我知道有馬；在水裡游得快的，我知道有船、有魚；在天空中飛得快的，我知道有各種猛禽。但在冰上，所有這些生物和交通工具，走上

去全都歪歪扭扭，甚至還會摔倒，走得慢還會打滑，沒有一個能施展跑得快的技能。現在市井裡有滑冰的人，用一團樹葉當護膝，用葦草纏在鞋上行走。還有些人在鞋底裝了一些鞋釘，行走時可以靠體重讓釘子咬進冰中，走路就非常穩當，不會滑倒了。還有一些人的鞋底踏著兩段鐵片，鐵片朝下的一面磨得像刀子一樣，踩著這種冰刀鞋到冰面，能滑得比跑步還快。這些冰雪運動裝備比《東坡志林》記載得更加輕便、容易製作，可惜自古以來，我沒看到有人對這種事情進行賦頌，所以特地寫一篇賦記錄、頌揚它。」

典籍輜檔 ————————————

〔明〕英廉《欽定日下舊聞考》
西華門之西，為西苑。榜曰西苑門，入門為太液池。
……
西苑太液池，源出玉泉山，從德勝門水關流入，匯為巨池，周廣數里。自金盛時，即有西苑太液池之稱。名跡如瓊華島、廣寒殿諸勝，歷元迄明，苑池之利相沿弗改，然以供遊憩而已。我朝列聖相承，勵精圖治，於此引對臣工總理機務，或宴賚王公卿士，或接見朝正外蕃，以及征帥勞旋、武科較技，例於苑內之惇敘殿、涵元殿、瀛臺、紫光閣親蒞舉行。龍光燕譽，賡拜揚休。冬月則陳冰嬉，習勞行賞，以簡武事而修國俗云。

〔明〕梁詩正《御製冰嬉賦序》
陸行之疾者，吾知其為馬；水行之疾者，吾知其為舟、為魚；雲行之疾者，吾知其為鴨、鵬、雕、鶚。至於冰，則向之族莫不躄躄膠滯滑擦而莫能施其技。國俗有冰嬉者，護膝以芾，牢鞋以韋。或底合雙齒，使齧凌而人不踣焉，或薦鐵如刀，使踐冰而步逾疾焉。較《東坡志林》所稱更為輕利便捷，惜自古無賦者，故為賦之。

對鏡喵

美

慢磨指甲，
認真洗臉，
眼裡含光，
身嬌體軟，
嫻靜慵懶，
照鏡細看──
真是一隻美喵。

從前的生活

　　《胤禛美人圖》是清代的絹本設色畫，分別描繪了十二位宮中女子的生活場景，這幅喵畫是其中的裝裝對鏡。女子手中拿著一個暖爐，中國古代很早就有各式各樣的冬天暖手工具，暖水袋和保溫瓶等物的前身也已經出現。

　　漢朝時，天子用玉石做几案，冬天時要用絲綿的錦緞覆蓋在上面，這種几案叫做「綈几」。天子冬天烤火用的火籠要用象牙材質，還要雕刻各種美麗的

冬・冬雪雪冬小大喵

花紋做裝飾，後宮妃嬪冬天則用五色的絹綾來罩几案。寫字時，冬天不用水調墨，而是用酒，防止墨汁結凍。不用石頭而用玉石做硯臺，也是為了防止墨汁結凍。夏天天子儀仗所用掌扇是羽毛扇，冬天則是絲繒扇。至於公侯等爵位的貴族，几案的材質只能用竹子、木頭，冬天可以用細毛氈做一個靠墊墊著，不許用絲絹錦緞罩几案。

除了案頭的暖心設計，還有專為護手做的「暖手寶」。冬天如果頻繁用爐火暖手，一定會讓手上的皮膚乾燥、皺裂，這時必須要用銀製的暖手了。這種小壺大小與鵝蛋差不多，壺壁非常薄，壺口很小，使用時在裡面放滿水。然後擰緊螺口的壺蓋，確保不會漏水，再把整個暖手扔到沸水煮，煮一會兒後，暖手裡的水就溫熱了，拿出來擦乾，握在手裡就能當暖手。這樣一個暖手如果不隨便從袖子裡拿出來，煮一次能熱一天。還有一些用暖玉雕成卵形的，用手握著也能暖手。

不僅如此，過去古代的冬天，深夜起身想喝口溫水，倉促間很難找到，所以古人為此準備了暖壺。暖壺一般是用錫做的瓶子，外面裹一個厚的布口袋。在布口袋裡裝上厚厚的一層棉花，把這樣的布口袋套在瓶子外面保溫，再把套好的暖瓶裝在木桶裡。這樣的保溫效果非常好，一整晚都能喝到溫水。《博古圖》提到了「溫酥壺」，樣子與膽式瓶十分相似，作用是把冷凝的奶油、牛油裝在瓶裡，然後放在滾水裡加熱，化成可以流動的油脂。古代這個「溫酥壺」用的材質是銅，當時有人用錫壺，用來溫水，很快就把水加熱完成。不過按照《頤生錄》的說法：「但凡用銅做壺蓋的，水蒸氣接觸了銅，然後再滴落回食

物或飲品中，人吃了就會長瘡。」所以用銅做壺，不如用錫，用錫不如用瓷。

身體暖和了，胃也不能落下。冬天的火鍋在市井間早已有之，最適合各種零碎吃食。一個鍋子中間分四、五個小格子，每一個格子放一種食物去煮，互相不串味。還有些講究的人，甚至用錫打造火鍋，然後用特製的銅架子架起來，底下放上小碟，在碟子裡倒高度數的燒酒，接著點燃燒酒，目的在上桌後繼續替火鍋裡的食物保溫。

夜讀喵

如何擁有一套自己的房子

1. 在街上溜達
2. 找到一間自己喜歡
   看起來氣派又舒適的大房子
3. 在房子門前的腳墊上躺下來

從前的生活

　　中國古人居室的格局一般不是完全固定，居住者往往會根據季節變化增減或開閉某些設施，對格局進行改變。一般來講，冬天時會將居所隔成小間，便於保暖；夏天時則連通敞開，便於通風散熱。

　　陸游做為一位養生達人，一直活到八十五歲高齡，在居住方面十分講究。陸游在所住廳堂的北面建了個居室，屋子南北長二十八尺，東西寬十七尺。東、西、北三面都有窗，窗上都有窗簾屏障，根據天氣和光線情況來決定打開或閉合。南邊是大門，屋子西南方還有一扇小門。冬天時屋子太大、容易冷，

就把小廳和裡間隔成兩間，那扇西南的小門就成為通往裡間的門。到了夏天，太小的屋子顯得憋悶，就把小廳和裡間的隔斷拆開，形成一個大開間，並且打開南面的大門，讓空氣流通，方便享受風涼。到了秋天，雨水過後，一定要定時檢查、更換已經腐壞的瓦片、椽子，看哪裡有漏風、漏雨的地方，趕緊修補，避免入秋後冷風灌進屋裡。每天在這裡吃飯，能吃什麼好吃的、能吃多少，都是自己負擔得起、吃得下就可以了，吃也不吃十分飽，七、八分就夠了。休息主要還是以調養為主，不必每次都大睡一通，閉目養神也很好。讀書讀得暢快、有所得就好，不一定非要看完。根據氣溫頻繁加減衣物，天氣變化大時，甚至會一天穿脫幾次衣服，不一定一件衣服穿一天。每次外出溜達幾十步，如果感覺沒有興致或疲倦了，就回去休息。

與人交往，陸游是個十分隨性的人。有時候雖然心裡有期待的事情，但提醒或過問一次，就不會再去催第二遍。有客人來，不會全都應酬，選擇性地見一些人，有些人就婉拒不見。與人談論宴飲，感覺累了就回家。大家的來信不是全部馬上回覆，有些信看到了馬上回覆，有些可能放好幾天也沒回，看身體、心境和當時的情況合適與否，不存在權貴或親近的人回信就快的情況，一向一視同仁。

清代養生專家曹庭棟的《養生隨筆》有關於冬夜屋內保暖的描述：《衛生經》說，燒著火的火爐不能放在床邊、靠近人頭部的這一側。這種說法是為了避免火氣離人太近，熏蒸得讓人頭暈。也有人做了一種大的錫罐，在裡面灌滿熱水，塞緊瓶口，整宿放在被子裡，可以代替暖爐。市井裡稱這種大罐叫「湯

婆子」，黃庭堅稱它叫「腳婆」。但仍然會有密封不好的時候，水會流在被褥上，讓人身體受到溼冷的侵擾。只能說臨時用一下的話，比火爐好用。《博古圖》有「漢有溫壺」的記載，應該是往裡灌熱水暖手足用的工具，與湯婆子類似。

典籍蘊犢 ————————————————————————————————

〔宋〕陸游〈居室記〉
陸子治室於所居堂之北，其南北二十有八尺，東西十有七尺。東、西、北皆為窗，窗皆設簾障，視晦暝寒燠為舒卷啟閉之節。南為大門，西南為小門，冬則析堂與室為二，而通其小門以奧室，夏則合為一，而辟大門以受涼風。歲暮必易腐瓦、補罅隙，以避霜露之氣。朝晡食飲，豐約惟其力，少飽則止，不必盡器。休息取調節氣血，不必成寐。讀書取暢適性靈，不必終卷。衣加損，視氣候，或一日屢變。行不過數十步，意倦則止，雖有所期處，亦不復問。客至，或見或不能見。間與人論說古事，或共杯酒，倦則亟舍而起。四方書疏，略不復遣。有來者，或亟報，或守累日不能報，皆適逢其會，無貴賤疏戚之間。

〔明〕曹庭棟《養生隨筆》
《衛生經》曰：「熱爐不得置頭臥處」，火氣入腦恐眩暈。有製大錫罐，熱水注滿，緊覆其口，徹夜納諸被中，可以代爐，俗呼「湯婆子」。然終有溼氣透漏，及於被褥，則必及於體，暫用較勝於爐。黃山谷名以「腳婆」……《博古圖》「漢有溫壺」，為注湯溫手足之器，與湯婆子同類。

花燈喵

當鐳射筆打開之後

流光輕拋，
紅絲飄搖。
人說今月掛柳梢，
正是好耍鬧。

俯仰輕佻，
走位風騷，
電光神器好逗貓，
小心閃了腰。

從前的生活

　　元宵節也叫「上元節」，是一年中第一個月圓之夜，自古以來就有夜晚觀看燈火、舉辦喜慶熱鬧活動的習俗。唐朝時，元宵節期間沒有宵禁，夜晚任遊人在街上賞燈看景，是一個非常熱鬧的節日。隨著發展，元宵節逐漸有諸如舞龍舞獅、踩高蹺、划旱船、吃元宵、猜燈謎等民俗。

冬·冬雪雪冬小大喵

上元節時會放花燈，不要求宵禁，這個習俗是從唐朝開始；很多地方都會懸掛燈球、蓮花燈、百花燈、琉璃屏，放上各種火盆。院子會樹立巨大的燈樹，各有三、五棵，每棵燈樹直徑超過一丈，點綴各種鮮花，上面還插著數十根巨大的花燭，到處張燈結綵，火樹銀花。還會表演紙人偶戲，表演者讓紙人偶到處爬上爬下，一會兒爬上竿頂，一會兒走鋼絲。周圍還有舞龍舞獅，讓人們盡情觀賞。甚至在朱門的花壇附近設置觀景的看臺，衙門東西走廊外，大街上到處都是賞花燈的人，甚至有人爬上屋頂，居高臨下地賞花燈。從鄉下地區到城裡看燈的人絡繹不絕，到了晚上還不停有人進城。大型煙花文藝表演的舞臺設在譙樓對面，高高的檯子中間搭著戲臺，上面各種歌舞雜技表演你來我往，還會進行大合唱。底下的觀眾全都踮起腳尖，推推搡搡，爭著看這鬧花燈的景致。

　　北宋時，皇家大內在冬至後就開始為元宵節做準備。開封府負責搭建戲臺山棚，戲臺建起來，遊人就聚集在御街的兩側走廊。看著戲臺上各種能人每天表演雜技戲法、歌舞小劇，各式各樣，樂舞聲和人聲在十餘里外都能聽到。各種藝人展示各種絕活：倒立吃冷麵、吞鐵劍、表演會噴火的傀儡、吐五色水、表演雜劇、彈琴、吹簫管、魔術表演、模仿秀、打球、說書、敲鼓、吹笛等。此外還有耍猴、魚躍刀門、使喚蜂蝶、追呼螻蟻等各種馴獸節目。除了看臺上的表演，看臺下還有各種打把式賣藝的、替人算卦的、在地上寫謎語的，各種新鮮玩意兒，珍奇巧妙，每天都讓人耳目一新。

　　將彩燈樹建在山坡上，連帶山坡一起裝飾燈燭花火，結彩帶上彩燈，金碧輝煌，錦繡燦爛。對著皇宮的一面，從上到下都披掛上彩帶花球，山坡上畫著

很多神仙和先賢的典故圖畫。彩山的左右兩側，用彩綢繫出了文殊、普賢兩位菩薩的模樣，分別騎著獅子、白象，菩薩還會招手，手指能噴出五道水柱，頗為神奇。其實是當菩薩招手時，用轆轤透過架子將山下的水送到燈山的最高處，用大木箱暫時儲水。等水滿了就開閘放一次，水落如瀑布。又在左右兩門上，用草編織兩條飛騰的龍的形狀，然後在草裡隱密處放上萬盞燭火，接著用青色的幕布罩住。遠遠看去，就好像兩條神龍搖頭擺尾，即將飛走。

博雅喵

共同點

窗前的小葫蘆，
需要不時刷刷。
然後——
盤它。
手邊的小核桃，
需要不時刷刷。
然後——
盤它。
桌上的小貓咪呢？

從前的生活

　　中國古代文人對先代的歷史文物多有探究，但與今天的考古學不同，古人更多著眼在三代青銅器和石碑篆刻的收集和鑑賞上。因此，這種收藏、探究的學問，被具體地稱為「金石學」。

唐代繪畫理論家張彥遠的〈論鑑識收藏購求閱玩〉，對收藏提出了自己的見解：「知道書法好壞的人，大多能知道繪畫的好壞。自古以來搞金石書畫收藏的人實在太多了，但有的人能收藏卻不能鑑別，能鑑別卻不懂把玩，能把玩卻不懂裝裱，裝裱起來掐頭去尾，書畫真跡的重要憑證都被裁掉了，這就是收藏愛好者的大問題。貞觀開元以來，社會繁榮昌盛，自古這種時候，天子都是雄才大略，而讀書人大多技藝精湛，才學廣博。所以朝廷出重金求散逸在民間的傳世品，很快能收集到許多，皇宮中內府圖書文庫的儲備非常豐富。有的人靠著進獻古玩獲得一官半職，有的人寄望於撿漏掙錢。還有那種家裡本來就是書香門第，不但有錢，同時也收集很多書畫作品。收集得多，裡面自然就有好東西，但具體到每一幅作品的好壞，全靠主人的鑑賞、保護能力。所以，要是不懂書畫品鑑、裝幀的外行，即便是近代的作品，都能被搞得朽壞；要是內行，即便是遠古的書畫作品，也能保持完整，就連東晉到劉宋時期的作品真跡，也能保持得光鮮如新。

　　儘管已經過去數百年，紙張色彩都沒有太大變化，什麼原因呢？就算是開元天寶這些離現在很近的書畫作品，都已經朽壞殆盡，主要是保管不得法的緣故。就像金子是從山裡開採出來的，珍珠是從泉水裡得到的，一個人拿到一幅名作，卻只是偷偷藏著，不拿出來與天下大眾分享，將這分藝術品所承載的一切傳承下去，反而讓書卷、圖畫隨著時間流逝而朽壞殆盡。那些創造這些傑出藝術品的名人，死了便不能復生，真跡毀了便不能再有，眼看真跡愈來愈少，能不惋惜嗎？那些外行、不懂保管的人，總是白費力氣，文物還被損毀；那些不懂展卷手法的人，隨便一弄，就把書畫揉破；那些不會裝裱的人，隨手

裁掉書畫的重要內容，這些原因加在一起，反而是外行愈寶貝，文物愈稀少，真是太讓人心痛了！

所以如果不是內行的人，萬萬不可隨意收藏書畫。平時靠近火燭時，不可觀看書畫，以免燒壞或熱氣對紙張顏色有所損害。迎風處或太陽底下，正在吃飯喝水，吐口水、擤鼻涕後沒有洗手，這些場合都不能碰書畫。我從二十歲開始收集古玩、書畫，鑑賞裝裱，沒有一天懈怠。每遇到一幅真跡，一定要好好裝裱修復，能賞玩一整天。要是買得起，就算吃不好飯、穿不好衣服，也一定拿出錢來買。我的家人和僕人們私下都笑我，甚至有人說：『每天淨幹這沒用的事，對你有什麼好處啊？』我會嘆息道：『要是不幹些無用但有趣的事，活著還有什麼意思呢？』」

典籍軸襠

〔唐〕張彥遠《歷代名畫記》

論鑑識收藏購求閱玩

夫識書人多識畫。自古蓄聚寶玩之家固亦多矣。則有收藏而未能鑑識，鑑識而不善閱玩者，閱玩而不能裝褫，裝褫而殊亡銓次者，此皆好事者之病也。貞觀、開元之代，自古盛時天子神聖而多才，士人精博而好藝，購求至寶，歸之如雲，故內府圖書謂之大備。或有進獻以獲官爵。或有搜訪以獲錫賚。又有從來蓄聚之家，自號圖書之府，蓄聚既多，必有佳者。妍媸渾雜，亦在詮量。是故非其人雖近代亦朽蠹，得其地則遠古亦完全，其有晉宋名跡，煥然如新。

已歷數百年，紙素彩色未甚敗，何故開元天寶蹤跡或已耗散？良由寶之不得其地也。夫金出於山，珠產於泉，取之不已，為天下用。圖畫歲月既久，耗散將盡，名人藝士不復更生，可不惜哉！夫人不善寶玩者，動見勞辱；卷舒失所者，操揉便損；不解裝褫者，隨手棄捐。遂使真跡漸少。不亦痛哉！

非好事者不可妄傳書畫。近火燭不可觀書畫，向風日、正餐飲唾涕，不洗手，並不可觀書畫……余自弱年鳩集遺失，鑑玩裝理，晝夜精勤。每獲一卷、遇一幅，必孜孜葺綴，竟日寶玩。可致者，必貨弊衣，減糲食，妻子僕僮切切嗤笑。或曰：「終日為無益之事，竟何補哉？」既而嘆曰：「若復不為無益之事，則安能悅有涯之生？」

 古今四季都有喵

梨園喵

逢場作戲

明明，剛才怎麼叫都不理我；
明明，被抱進懷裡也要奮力掙脫；
明明，想摸摸你的頭，你就拚命往床下躲。

打開罐頭——

轉頭就看到你在我身邊坐著，
眼神柔媚，動作親昵，
十分猥瑣。

從前的生活

看大戲是古時人們在節慶時不可缺少的娛樂活動，古代鄉里生活相對單調，而且能識字的人極為少數。這種邊唱邊跳，又甚為形象生動、感染力強的表演形式，自然普遍受到歡迎。

要說梨園行當的起源，是從唐玄宗選擇唱歌、彈曲的藝人三百名，在梨園教授技藝開始的。那時如果曲唱走音了，琴彈錯了，唐玄宗一定能發覺，然後糾正他們，這三百人被稱為「皇帝梨園弟子」。當時有很多宮女當了梨園弟子，都在宜春北院學習唱戲、彈琴，這就是梨園行最開始的情況。

宋朝時教習各種樂器和戲曲的教坊有十三個部門，其中以雜劇為最核心的部門「正色」。舊時的部門有吹篳篥部、敲大鼓部、打節拍部。色有歌板色、琵琶色、箏色、方響色、笙色、龍笛色、頭管色、舞旋色、雜劇色、參軍等色。色有色的負責人，部門有部門的負責人。上面有教坊使、副鈐轄、都管、掌儀、掌範這些官職，都是負責具體事務的小官。剩下的部和色，分別穿著紫色、淺紅、綠色的寬衫，衣服兩邊下擺各垂著一條黃條橫幅。雜劇部都戴比較有代表性的渾裏帽子裏頭，剩下的人就是普通的帽子、頭巾。

此外還有小兒隊、女童採蓮隊，還有另外的戲班，是在皇室貴族出行時，乘馬跟在後面，邊騎馬、邊演奏樂曲的班子。又有御馬院使臣，但凡皇帝傳喚等事務，都要進大內進行演奏。紹興年間，廢除了教坊的各個職級稱謂，之後遇到大朝會、各種重大節日、皇帝的宴樂或皇帝出行時，扈從的儀仗隊需要奏

樂，就會讓修內司教樂所調撥臨安府內的前樂工，然後擬定名錄，送上去給皇帝過目後組成臨時隊伍。

從前汴京教坊大使孟角球寫過雜劇本子，葛守成寫過四十大麯，丁仙現的音樂造詣相當高超。南渡之後，教坊的丁漢弼、楊國祥等人非常出色。景定年間至咸淳時，在官府當教樂所都管、部頭、色長等官職的人有陸恩顯、時和、王見喜、何雁喜、王吉、趙和、金寶、范宗茂、傅昌祖、張文貴、侯端、朱堯卿、周國保、王榮顯等人。

最重要的雜劇中，末泥是指場中的主角，每一場雜劇有四到五個演員。上來先講一段俏皮的日常小事，這個叫「豔段」。之後開始正雜劇、通名兩段表演。末泥色是主演，負責調度全場，推進和講述整個情節。副淨色是劇情中負責提出問題，或者設置疑難的人，副末色負責在旁邊插科打諢、說俏皮話。有的情況下還會添加一個角色，叫「裝孤」。

雜劇開始時，先吹一段曲子，交代故事背景，稱為「把色」。大體就是補充介紹或旁白，主要講述念唱要滑稽有趣，能把場景轉換、過度的地方講解出來，讓看曲的人明白故事的大致情況。

雜劇是向皇帝進言時用的勸誡方式，當時有人直接向皇帝諫言，皇帝聽不進去，便用雜劇的方式揭露問題，所以雜劇又被叫做「無過蟲」。大體是直接諫言，話說得太直白，聽者不高興。於是進諫的人就想了演一段滑稽戲的方式，讓皇帝答應開玩笑的話不算數，說錯也不會責罰。這種方式偶爾能博皇帝

一笑，皇帝一高興，事情就好辦了。所以但凡遇到諫言說理的情況，皇帝不聽勸時，大臣們就經常講個小段子，用滑稽諷刺的表演方式，將自己想諫言的內容隱含在故事中，讓皇帝領悟其中的道理，這樣比較溫和，不會觸怒皇帝。在正雜劇、通名之後，還有一段雜扮，又叫「雜班」、「經元子」、「拔和」，就是雜劇之後的散段。

喵

〔明〕邢雲路《古今律曆考卷三十四》

玄宗酷愛法曲，選坐部伎子弟三百，教於梨園。聲有誤者，帝必覺而正之。號「皇帝梨園弟子」。宮女數百亦為梨園弟子，居宜春北院。

〔宋〕吳自牧《夢粱錄》

散樂傳學教坊十三部，唯以雜劇為正色。舊教坊有篳篥部、大鼓部、拍板部。色有歌板色、琵琶色、箏色、方響色、笙色、龍笛色、頭管色、舞旋色、雜劇色、參軍等色。但色有色長、部有部頭。上有教坊使、副鈐轄、都管、掌儀、掌範，皆是雜流命官。其諸部諸色，分服紫、緋、綠三色寬衫，兩下各垂黃義襴。雜劇部皆渾裹，餘皆襆頭帽子。更有小兒隊、女童採蓮隊。其外別有鈎容班人，四孟乘馬從駕後動樂者是也。御馬院使臣，凡有宣喚或御教，入內承應奏樂。

紹興年間，廢教坊職名，如遇大朝會、聖節，御前排當及駕前導引奏樂，並撥臨安府衙前樂人，屬修內司教樂所集定姓名，以奉御前供應。向者汴京教坊大使孟角球曾做雜劇本子，葛守成撰四十大麴，丁仙現捷才知音。南渡以後，教坊有丁漢弼、楊國祥等。景定年間至咸淳歲，衙前樂撥充教樂所都管、部頭、色長等人員，如陸恩顯、時和、王見喜、何雁喜、王吉、趙和、金寶、范宗茂、傅昌祖、張文貴、侯端、朱堯卿、周國保、王榮顯等。

且謂雜劇中末泥為長，每一場四人或五人。先做尋常熟事一段，名曰「豔段」。次做正雜劇、通名兩段。末泥色主張，引戲色分付，副淨色發喬，副末色打諢。或添一人，名曰「裝孤」。先吹曲，破斷送，謂之「把色」。大抵全以故事，務在滑稽唱念，應對通遍。

此本是鑑戒，又隱於諫諍，故從便跣露，謂之「無過蟲」耳。若欲駕前承應，亦無責罰。一時取聖顏笑。凡有諫諍，或諫官陳事，上不從，則此輩妝做故事，隱其情而諫之，於上顏亦無怒也。又有雜扮，或曰「雜班」，又名「經元子」，又謂之「拔和」，即雜劇之後散段也。

灶神喵

灶神一定是隻貓

根據我自己的經驗，
廚房裡的動靜，
貓聽得最清楚了。

無論是你半夜在偷吃，
還是在拉貓罐頭的拉環。
所以，
讓我來管廚房，
最合適了。

從前的生活

　　祭灶王是古代重要的節慶習俗之一，原本時間不在春節前，
而是在夏季。後來隨著民俗逐漸演變，才固定為如今小年祭灶，
吃糖瓜，祈求來年風調雨順的民俗活動。

冬・冬雪雪冬小大喵

祭灶王的習俗有個傳說，顓頊有個孩子叫黎，就是火神祝融。祝融是灶神，叫蘇吉利，灶婦叫王搏頰。漢朝時陰子方家有臘月祭祀灶神的習俗，一般是用一條大黃狗祭祀，為了口彩好，叫牠黃羊。陰家多年受到灶王的蔭蔽賜福，普通老百姓聽說後便爭相模仿，所以才有祭灶王的習俗流傳下來。

　　古代祭灶王時要吃的糖大有講究，過年期間要吃膠牙糖，就是今天所說的麥芽糖，是取了能沾黏、鞏固的意思，希望來年牙齒依舊堅固耐用。

　　過去粵廣地區的集市上有賣「繭糖」的，就是現在說的龍鬚酥。還有用麥芽糖拉成長條狀，裡面充滿氣泡的叫糖通。把麥芽糖吹鼓，趁熱加工成各種空心形狀的叫吹糖。實心的麥芽糖，小粒的叫糖粒，大粒的叫糖瓜。要是把麥芽糖捏成人物、建築、鳥獸形狀的就叫饗糖，因為這種有造型的糖主要是用來祭祀。過年前祭灶王用糖磚，平時請客、贈送的糖果有芝麻糖、牛皮糖、秀糖、蔥糖、烏糖等各種雜式花樣。潮陽產的蔥糖做得最好，雪白還沒有渣滓，吃進嘴就像含了一口雪一樣，一下就融化了。東莞的秀糖、廣州的糖通都是當地特產。烏糖是透過黑糖提純來的蔗糖，將黑糖糖漿透過煮沸撇去雜質，然後加入鴨蛋清攪拌，透過蛋清的吸附作用，濾去糖漿中更多雜質。這種用蛋清提純黑糖的辦法，據說是唐太宗時期，印度前來進貢時流傳下來的熬糖法。廣東人吃飯、做菜時比較喜歡加糖，所以糖的消耗量很大，做糖的店家每家每戶都會曬糖，用漏壺去掉糖沙中的水分，形成結晶，這樣方便儲存。而且這些店家很會做生意，春天將買糖的一部分本錢提前支付給種植甘蔗的農戶，等於下了訂單，中間不用親自勞動，到了冬天就能收到甘蔗。所以家裡做糖生意的店家，

往往是去年的糖還沒賣完，今年的新糖就做出來了，開糖鋪的人多半都發了財。

據《南越筆記》記載，永安縣過除夕時，家裡婦女會在灶臺前，盛滿一碗米或鹽，將盛滿的碗扣在灶臺上，接著慢慢提起，觀察米、鹽能堆多高，如果尖部高聳，就說明明年會豐收，這個儀式叫「祝灶」。男子則要在廚房水缸前，把東西南北四個字貼在水缸上，然後在水缸中放小木條，看小木條的尖端指向哪個方位，木頭入水時發出什麼樣的聲音，藉此決定明年不同方位的吉凶，這個儀式叫「灶卦」。

典籍輯槾 ────────────────────

〔明〕陶宗儀《說郛・卷六十九上》
顓頊有子曰黎，為祝融火正。祝融為灶神，姓蘇，名吉利，婦姓王，名搏頰。漢陰子方，臘日見灶神，以黃犬祭之，謂為黃羊。陰氏世蒙其福，俗人競尚以此故也。

〔宋〕葉廷珪《海錄碎事》
元日食膠牙餳取膠固之義。

〔明〕李調元《南越筆記》
糖
廣中市肆賣者有繭糖，窠絲糖也。其煉成條子而玲瓏者，曰糖通。吹之使空者，曰吹糖。實心者，小曰糖粒，大曰糖瓜。鑄成番塔人物鳥獸形者曰饗糖，吉凶之禮多用之，祀灶則以糖磚，宴客以糖果，其芝麻糖、牛皮糖、秀糖、蔥糖、烏糖等，以為雜食。蔥糖稱潮陽，極白無滓，入口酥融如沃雪。秀糖稱東莞，糖通稱廣州。烏糖者，以黑糖烹之成白，又以鴨卵清攪之，使渣滓上浮，精英下結，其法本唐太宗時貢使所傳。大抵廣人飲饌多用糖，糖戶家家晒糖，以漏滴去水，倉囷貯之。春以糖本分與種蔗之農，冬而收其糖利。舊糖未消，新糖復積，開糖房者多以是致富云。
灶卦
永安歲除夕，婦人置鹽米灶上，以碗覆之，視鹽米之聚散以卜豐歉，名曰「祝灶」。男子則置水釜旁，黏東西南北字，中浮小木，視木端所向。以適其方，又審何聲氣。以卜休咎，名曰「灶卦」。

迎春喵

自我催眠

我會爬樹,
他不會。

我會捕魚,
他不會。

我能在黑夜看得清東西,
他不行。

他就是個沒有生存能力的傻子,
放炮什麼的,
他都不慌。
我慌什麼?!

從前的生活

　　十二月末時,就是所謂的「月窮歲盡之日」,又叫「除夜」。過去百姓無論家裡人多人少,都要進行大掃除,打掃門戶庭院,換下舊的門神,貼上新的門神,再往門口釘上桃木做的桃符,貼上對聯,祭祀祖先。到了夜裡

冬・冬雪雪冬小大喵

要舉辦迎神活動，貢上鮮花、點上香燭和各種貢品，祈禱新的一年平安。

　　皇宮裡除夕夜會舉辦大型的驅鬼儀式，負責皇城保衛工作的禁衛軍人要戴面具，穿著儺戲用的七彩服裝，拿著金槍、銀戟、木頭刀劍、五色龍鳳、五色旗幟等東西。還要讓唱戲彈琴的人裝成將軍、符使、判官、鍾馗、六丁、六甲、神兵、五方鬼使、灶君、土地、門神、戶尉的模樣，從宮中開始唱跳祈福、驅鬼。隊伍一直行進，出東華門，繞過龍池灣，才算把鬼魅邪祟驅散、鎮壓完畢。當天，皇宮內司的意思局還會進奉各種精巧的夜宵盒子，裡面裝著各種風味的小點心，包括精緻麵點、新鮮果品，還有各種用蜜糖做成的果脯，以及市面上的流行小吃，比如十般糖、澄沙團、韻果、蜜薑豉、皂兒糕、蜜酥、小鮑螺酥、市糕、五色萁豆、炒槌栗、銀杏等，此外還有各種小玩具。當天晚上皇宮裡還要燃放爆竹且高呼，聲音大到皇宮外都能聽到。民間還會燃放煙花爆竹等，燃放爆竹的聲音大如雷響。到處掌燈，街上亮如白晝。一家人圍著火爐喝酒、唱歌，就叫「守歲」。

　　隨著爆竹聲響起，一年就這樣過去了。初一就颳起和煦的春風，似乎帶來春天將至的消息。

　　爆竹，一開始如字面上的意義，是爆開的竹子。人們發現，將竹竿放在火上燒，竹筒受熱膨脹，爆開時會發出巨大響聲。所以在節慶日子裡，會燒竹聽響來慶祝。後世填裝火藥的爆竹，只不過是借了這個名字來用而已。

　　除了放爆竹，古人還有在門前擺「桃人」的習慣。按照《黃帝書》的記

載，上古時期有神荼、鬱壘兩兄弟，他們有抓鬼的本事。他們住在度朔山的大桃樹下，每天就像閱兵一樣，檢閱世間的所有鬼。要是發現任意禍害人間、不講道理的壞鬼、凶鬼，神荼、鬱壘就把它揪出來，用蘆葦繩捆上，拎著去餵老虎。因為這樣的傳說，所以縣官每年除夕都要在門前擺上用桃木做成的木人，門上掛蘆葦，還要在門板貼上老虎的畫，目的就是用這個傳說來驅邪避凶。

典籍輯檔 ───────────

〔漢〕應劭《風俗通義》

桃人

謹按《黃帝書》：上古之時，有神荼與鬱壘昆弟二人，性能執鬼，度朔山上，章桃樹下，簡閱百鬼。無道理妄為人禍害，神荼與鬱壘縛以葦索，執以食虎。於是縣官常以臘除夕飾桃人，垂葦茭，畫虎於門。皆追效於前事，冀以衛凶也。

〔宋〕王安石〈元日〉

爆竹聲中一歲除，春風送暖入屠蘇。
千門萬戶曈曈日，總把新桃換舊符。

〔宋〕吳自牧《夢粱錄》

十二月盡，俗云「月窮歲盡之日」，謂之「除夜」。士庶家不論大小家，俱灑掃門閭，去塵穢，淨庭戶，換門神，掛鍾馗，釘桃符，貼春牌，祭祀祖宗。遇夜則備迎神香花供物，以祈新歲之安。禁中除夜呈大驅儺儀，並繫皇城司諸班直，戴面具，著繡畫雜色衣裝，手執金槍、銀戟、畫木刀劍、五色龍鳳、五色旗幟，以教樂所伶工裝將軍、符使、判官、鍾馗、六丁、六甲、神兵、五方鬼使、灶君、土地、門神、戶尉等神，自禁中動鼓吹，驅祟出東華門外，轉龍池灣，謂之「埋祟」而散。是日，內司意思局進呈精巧宵夜果子合，合內簇諸般細果、時果、蜜煎、糖煎及市食，如十般糖、澄沙團、韻果、蜜薑豉、皂兒糕、蜜酥、小蚫螺酥、市糕、五色萁豆、炒槌栗、銀杏等品，及排小巧玩具頭兒、牌兒、貼兒……是夜，禁中爆竹嵩呼，聞於街巷……煙火屏風諸般事件爆竹，及送在……爆竹聲震如雷……如同白日。圍爐團坐，酌酒唱歌……謂之「守歲」。

中華田園狸花貓

美國短毛貓

中華田園橘貓

臨清獅貓

波斯貓

土耳其梵貓

暹羅貓

挪威森林貓

布偶貓　　　　　　　伯曼貓

緬甸貓

緬因貓

蘇格蘭摺耳貓

英國短毛貓

異國短毛貓

沙特爾貓

科拉特貓

俄羅斯藍貓

孟買貓

柯尼斯捲毛貓

新加坡貓

柯尼斯捲毛貓

哈瓦那棕貓

埃及貓

阿比西尼亞貓

襤褸貓

美國硬毛貓

索馬利貓

美國短尾貓

日本短尾貓

峇里貓

東奇尼貓

重點色短毛貓

曼島貓

西伯利亞貓

喜馬拉雅貓

金吉拉貓

斯可可貓

東方短毛貓

土耳其安哥拉貓

加拿大無毛貓

美國捲耳貓

HISTORY 系列 061

古今四季都有喵

繪　　圖 ── 孫燕子
文　　字 ── 趙牧野
主　　編 ── 邱憶伶
責任編輯 ── 陳映儒
行銷企畫 ── 林欣梅
封面設計 ── 兒日
內頁設計 ── 張靜怡

編輯總監 ── 蘇清霖
董 事 長 ── 趙政岷
出 版 者 ── 時報文化出版企業股份有限公司
　　　　　　108019 臺北市和平西路三段 240 號 3 樓
　　　　　　發行專線 ── (02) 2306-6842
　　　　　　讀者服務專線 ── 0800-231-705・(02) 2304-7103
　　　　　　讀者服務傳真 ── (02) 2304-6858
　　　　　　郵撥 ── 19344724 時報文化出版公司
　　　　　　信箱 ── 10899 臺北華江橋郵局第 99 號信箱
時報悅讀網 ── http://www.readingtimes.com.tw
電子郵件信箱 ── newstudy@readingtimes.com.tw
時報出版愛讀者粉絲團 ── https://www.facebook.com/readingtimes.2

法律顧問 ── 理律法律事務所　陳長文律師、李念祖律師
印　　刷 ── 和楹印刷有限公司
初版一刷 ── 2021 年 3 月 12 日
定　　價 ── 新臺幣 460 元（缺頁或破損的書，請寄回更換）

時報文化出版公司成立於 1975 年，
1999 年股票上櫃公開發行，2008 年脫離中時集團非屬旺中，
以「尊重智慧與創意的文化事業」為信念。

古今四季都有喵／孫燕子繪；趙牧野文 . -- 初版 . --
臺北市：時報文化，2021.03
　240 面；19×21 公分 . --（History 系列；61）

　ISBN 978-957-13-8538-9（平裝）

　1. 文化史　2. 社會生活　3. 中國

630　　　　　　　　　　　　　　　　　　109022080

ISBN　978-957-13-8538-9
Printed in Taiwan